U0497889

三峡库区
农产品流通现代化评价、影响机理及空间关联研究

曾 蓼 ○ 著

西南财经大学出版社
Southwestern University of Finance & Economics Press
中国·成都

图书在版编目(CIP)数据

三峡库区农产品流通现代化评价、影响机理及空间关联研究/曾蓼
著.--成都:西南财经大学出版社,2024.7.--ISBN 978-7-5504-6281-6

Ⅰ.F724.72

中国国家版本馆 CIP 数据核字第 2024Y643H4 号

三峡库区农产品流通现代化评价、影响机理及空间关联研究
SANXIA KUQU NONGCHANPIN LIUTONG XIANDAIHUA PINGJIA、YINGXIANG JILI JI KONGJIAN GUANLIAN YANJIU

曾 蓼 著

策划编辑:李晓嵩
责任编辑:李晓嵩
助理编辑:王 琳 蒋 华
责任校对:王甜甜
封面设计:何东琳设计工作室
责任印制:朱曼丽

出版发行	西南财经大学出版社(四川省成都市光华村街55号)
网 址	http://cbs.swufe.edu.cn
电子邮件	bookcj@swufe.edu.cn
邮政编码	610074
电 话	028-87353785
照 排	四川胜翔数码印务设计有限公司
印 刷	成都国图广告印务有限公司
成品尺寸	170 mm×240 mm
印 张	14
字 数	260 千字
版 次	2024 年 7 月第 1 版
印 次	2024 年 7 月第 1 次印刷
书 号	ISBN 978-7-5504-6281-6
定 价	88.00 元

1. 版权所有,翻印必究。

2. 如有印刷、装订等差错,可向本社营销部调换。

前言

　　解决"三农"问题一直是党中央、国务院各项工作的重中之重。从改革开放之初的家庭联产承包责任制，到党的十九大报告首次提出实施乡村振兴战略，再到党的二十大报告强调全面推进乡村振兴，实践成效显著。在乡村振兴战略的产业兴旺、生态宜居、乡风文明、治理有效和生活富裕五个总要求中，产业兴旺是首要任务和核心要求。产业兴旺要解决两个关键问题：一是生产问题，二是流通问题。2017年12月，在以乡村振兴为主题的中央农村工作会议上，习近平总书记发表重要讲话，用了三个"还是"来描述优质农产品流通的难点："许多优质农产品还是在田头卖、在马路边卖，还是'提篮小卖'，还是'披头散发'在卖，好东西卖不出好价钱。"农产品产后的分级、包装、仓储、物流（冷链物流）、营销等设施与观念存在明显短板。为此，习近平总书记提出要"推进农产品流通现代化"，从而实现农业农村现代化。

　　三峡库区是我国特殊的地理区域。这里独特的地形、地势、地貌与气候，使得三峡库区拥有很大的农业特色资源优势。但是，三峡库区农产品流通一直存在着产销不衔接、流通环节多、流通成本高、流通基础设施薄弱等问题。在全面推进乡村振兴过程中，为确保三峡库区的农民增收、农村发展、消费满意，解决农产品"买难""卖难"是首要问题。这就必须提高三

峡库区农产品流通现代化水平，提高农产品流通效率，促进三峡库区的经济社会高质量发展。

本书运用马克思主义经济学流通理论、西方经济学流通理论和现代化理论对三峡库区农产品流通现代化进行研究，评价了三峡库区农产品流通现代化的发展水平，分析了三峡库区农产品流通现代化的影响因素与空间关联特征，对推进三峡库区农产品流通现代化的发展具有重要的理论和实践意义。本书的主要研究内容和结论如下：

第一，本书通过三峡库区农产品流通现代化理论分析框架的构建，从新型农业经营主体的角度构建了三峡库区农产品流通现代化的指标体系，包括三峡库区农产品流通发展状态现代化、三峡库区农产品流通主体能力现代化和三峡库区农产品流通体制现代化。

第二，本书利用熵权法确定了三峡库区农产品流通现代化各指标体系中的权重并对三峡库区农产品流通现代化水平进行评价。本书研究发现，三峡库区各区（县）农产品流通现代化水平呈现层级分布的态势，各区（县）之间的农产品流通现代化水平依然存在着一定的地区差距。其中，开州区的得分最高，处于第一梯队；忠县、万州区、石柱县和长寿区处于第二梯队；云阳县、涪陵区、江津区、武隆区和丰都县处于第三梯队；奉节县、巴南区、巫山县、渝北区和巫溪县农产品流通现代化水平较低，处于第四梯队。

第三，本书利用普通最小二乘估计（OLS）对三峡库区农产品流通现代化的影响因素进行分析。本书研究发现，农民的基础能力对农产品流通现代化有显著的正向影响。流通主体的发展水平对农产品流通现代化的影响显著。地区金融支持对农产品流通现代化有显著的正向影响。地区要素市场对农产品流通现代化有正向影响，但不显著。三峡库区的农民专业合作社的发展水平对农产品流通现代化水平的拉动能力较大。互联网基础设施在农民互联网使用强度和农产品流通现代化之间起正向调节作用。创业氛围在精英带动和农产品流通现代化中起正向调节作用。农民专业合作社的协作能力在农民专业合作社的发展水平和农产品流通现代化之间起正向调节作用。农业龙头企业的协作能力在农业龙头企业的带动能力对农产品流通现代化的影响中起倒"U"形调节作用。物流信息化水平在地区物流条件和农产品流通现代化之间起正向调节作用。

第四，本书利用社会网络分析方法对三峡库区农产品流通现代化空间关联的整体网络特征和个体网络特征进行分析。本书研究发现，三峡库区各区（县）农产品流通现代化空间关联的紧密度不高，但是各区（县）之间的关联度较高，连通效果较好。从个体网络特征来看，经济发展相对较好的万州区、涪陵区、长寿区的点度中心度明显高于经济发展相对较差的巫山县、巫溪县，说明农产品流通现代化在空间上和经济发展及农业发展呈现一定的耦合关系。三峡库区15个区（县）的接近中心度均处于一个较高水平，说明三峡库区各区（县）农产品流通现代化均能较快地与其他区（县）产生关联关系。三峡库区农产品流通现代化中介中心度最高的地区为万州区，其次是涪陵区。这说明在三峡库区农产品流通现代化空间网络中，大多数关联关系是通过万州区和涪陵区联系，处于三峡库区内部偏远地区的巫山县、巫溪县以及处于三峡库区边缘的渝北区、巴南区的中介中心度普遍较低，说明这些区（县）在农产品流通现代化网络中通常处于被支配地位。石柱县、武隆区的中介中心度较高，说明它们在局部区域起到一定的中介作用。从块模型分析结果来看，本书主要将三峡库区各区（县）分为四个板块：板块一（净受益板块）有万州区、开州区、忠县，板块二（净溢出板块）有云阳县、奉节县、巫山县、巫溪县、丰都县，板块三（双向溢出板块）有涪陵区、渝北区、巴南区、江津区，板块四（经纪人板块）有长寿区、石柱县、武隆区。从三峡库区农产品流通现代化空间关联网络的影响因素来看，地理距离、产业结构和农民专业合作社对三峡库区农产品流通现代化空间关联有

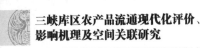

显著的负向影响，说明地理距离越短、产业结构差距越小、农民专业合作社发展水平差距越小，对三峡库区农产品流通现代化的空间关联影响越大。

第五，本书通过理论研究和实证分析，提出三峡库区应从农产品流通现代化协作机制、农产品流通组织化程度、三峡库区农产品品牌、农产品流通基础设施建设、农产品流通方式、农产品流通技术水平、农产品流通信息化建设、农产品流通人才培养培训等方面提高农产品流通现代化水平。

本书对三峡库区农产品流通现代化的研究是非常有限的。学无止境，在中国式现代化进程中，我国农业农村现代化，包括农产品流通现代化，需要做更进一步、更深层次的思考和研究。由于笔者的水平和精力有限，本书研究中尚存不足与不尽如人意之处，热忱欢迎学术界的前辈、同仁批评指正。

曾蓼

2024 年 1 月于重庆工商大学

目录 MULU

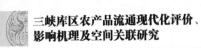

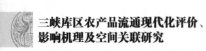

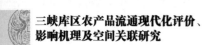

1
绪论

1.1　研究背景

1.1.1　乡村振兴需要推进农产品流通现代化

20 世纪 30 年代初，晏阳初、梁漱溟、卢作孚等发起"乡村建设运动"，试图以改良、实干的精神发展农村经济、培养农业人才、传授和推广农业技术、改变农村社会风气，以此来建立起"乡村乌托邦"。在半殖民地半封建社会，晏阳初等人的尝试只能以失败告终，但他们对我国乡村本质问题的挖掘与大无畏的探索精神，一直对后进者起着激励作用。

解决"三农"问题一直是党中央、国务院各项工作的重中之重。我国的改革开放始于农村改革，即在农村推行家庭联产承包责任制。2004 年至今，中央一号文件都在"三农"为主题。2005 年 10 月，党的十六届五中全会提出建设社会主义新农村；党的十九大报告首次提出实施乡村振兴战略；2018 年中央一号文件指出，要结合全党全社会的力量来共同推进乡村全面振兴；党的二十大报告强调全面推进乡村振兴。在乡村振兴战略的总要求中，"产业兴旺"是首要任务和核心要求。"产业兴旺"要解决两个关键问题：一是生产问题，二是流通问题。

农业生产问题可以通过农业供给侧结构性改革加以解决，实现农产品及其加工品的供给。农业流通问题，即如何实现农产品由生产领域向消费领域的转移。马克思主义社会再生产理论与现代流通理论告诉我们，要实现农产品"惊险的跳跃"，实现商品价值，必须由流通过程来完成。在我国，农产品流通不畅是一个客观事实。"谷贱伤农"，农村农产品"卖难"现象普遍存在，"柑橘挂在枝头，蔬菜烂在田里，生猪存在栏里"，是"卖难"的形象写照。2017 年 12 月，在以乡村振兴为主题的中央农村工作会议上，习近平总书记发表重要讲话，用了三个"还是"来描述优质农产品流通的难点："许多优质农产品还是在田头卖、在马路边卖，还是'提篮小卖'，还是'披头散发'在卖，好东西卖不出好价钱。"农产品在分级包装、仓储物流设施以及营销观念等方面，存在明显短板。农产品流通不畅，阻碍了我国农业产业化和农村现代化的实现，成为制约农业经济效益提高和农民增收的障碍。为此，习近平总书记提出要推进农产品流通现代化。中共中央、国务院明确要求要加快发展农村电子商务，加强农产品市场和物流配送体系建设，不断提升流通现代化水平。

农产品流通现代化是农业现代化的重要组成部分。较早提出实现中国农业现代化目标的是毛泽东①。包括农业现代化在内的"四个现代化"宏伟目标，是由周恩来在1964年12月第三届全国人民代表大会第一次全体会议上做政府工作报告时正式提出的。党的十六大至党的二十大的报告中对现代农业、中国特色农业现代化道路都有阐述。尤其是党的十九大提出实施乡村振兴战略，按照"产业兴旺"要求，加快推进农业农村现代化。党的二十大更是提出全面推进乡村振兴。由于历史原因和资源条件所限，我国农业现代化进程落后于工业化进程。客观上讲，中国现代化的短板之一就是农业现代化。因此，在中国特色社会主义新时代，实现中国特色农业现代化以及农产品流通现代化，显得尤为重要。

当前，我国农产品流通存在的主要问题如下：一是农产品市场供求信息不对称，农产品供需经常脱节，常有"卖难""买难"交替出现的现象；二是新型农业经营主体组织化程度低，农产品流通效能与效率较低；三是农产品流通基础设施还不能很好地满足农业生产专业化与农产品流通现代化的需要，农产品价格起伏较大；四是农产品销售方式相对原始，新业态作用发挥不充分。落后的农产品流通体系，承载世界上人口众多的地区人民群众日益增长的消费需要。因此，在乡村振兴背景下，加速推进我国农产品流通现代化，是我国实现农业现代化的应有之义。

什么是农产品流通现代化？我国现阶段农产品流通现代化达到了什么水平，表现出什么特征，主要问题与制约因素有哪些，差距何在？如何在乡村振兴背景下，推进农产品流通现代化？现有研究文献表明，关于流通现代化的研究较为深入，而关于农产品流通现代化的研究相对较少，尤其是三峡库区这样特殊地理区域农产品流通现代化的研究更为缺乏，实证研究涉及不多。这势必影响我国农产品流通政策制定者的决策，尤其是会影响特定区域农产品流通政策的决策，在一定程度上迟滞了我国农产品流通现代化进程。在乡村振兴背景下，深入研究我国农产品流通现代化，也是全面乡村振兴的应有之义。

农产品流通现代化的水平低下，严重阻碍了我国农村经济与农业现代化

---

① 毛泽东. 毛泽东选集：第4卷［M］北京：人民出版社，1991：1430.

的发展步伐，严重阻碍了乡村振兴战略的有效推进。乡村振兴需要推进农产品流通现代化。

1.1.2　三峡库区特殊的地理区域需要农产品流通现代化

三峡库区是中国地理上一个特殊的地理区域，是指长江流域因三峡水电站的修建而被淹没或影响的地区。该区域地处长江中下游平原与四川盆地的接合部，跨越鄂中山区、川东岭谷地带，峡谷地貌，地势起伏较大，成为相对独立的地理单元。三峡库区面积为5.665万平方千米（其中85%以上在重庆市），库区河谷平坝占比为4.3%，丘陵占比为21.7%，山地占比为74%。三峡水库水位至175米蓄水时水域面积为1 084平方千米，总库容为393亿立方米。

三峡库区包含湖北省所辖的宜昌县（2001年夷陵区）、秭归县、兴山县、巴东县以及重庆市所辖的巫山县、巫溪县、奉节县、云阳县、开州区、万州区、忠县、石柱县、丰都县、涪陵区、武隆区、长寿区、渝北区、巴南区、江津区以及重庆市核心城区（包括渝中区、沙坪坝区、南岸区、九龙坡区、大渡口区和江北区），共20个行政区域。《重庆统计年鉴》在统计三峡工程重庆库区经济和社会发展情况时，未含重庆市核心城区。研究三峡库区，学者们往往只研究重庆市核心城区之外的19个区（县）。本书研究三峡工程重庆库区（以下简称为"三峡库区"）的15个区（县），其中重点库区包括8个重点移民区（县），即万州区、涪陵区、开州区、丰都县、忠县、云阳县、奉节县、巫山县。

特殊的地理区域，独特的地形、地势、地貌与气候，使得三峡库区拥有很大的农业特色资源优势。三峡库区除普遍都有的水果、蔬菜、蚕桑、优质粮米、油料外，还有大批品种丰富、独具特色的经济作物和畜禽等饲养动物。三峡库区所产的茶叶、油桐、烟草、中药材等在国内有重要地位和影响，石柱土家族自治县黄连产量居全国第一，是著名的"黄连之乡"。此外，三峡库区是全国优质水果的产地，奉节脐橙是中国地理标志产品。

但是，三峡库区农产品流通一直存在着产销不衔接、流通环节多、流通成本高、流通基础设施薄弱等问题，"柑橘挂在枝头，蔬菜烂在田里，生猪存在栏里""丰收悖论""谷贱伤农"等现象尤为突出。三峡库区农产品流通渠道长而窄，农产品流通一般经过4~5级流通环节，批发市场仍是农产品流通的主要渠道，农超对接比例不足1/3。较长的流通渠道使得农产品的物流成本增加。调研数据显示，三峡库区一般物流成本占产品总成本的30%~40%，而蔬菜、鲜果等农产品的物流成本更达到产品总成本的60%~70%。同时，三峡库区农产品还存在着"当地产品往外销，本地需求靠外进"的现象，这就使得物流成本进一步提高。柑橘是三峡库区特色农产品，长期以来形成了"奉节脐橙"等著名品牌，但是三峡库区的柑橘冷链物流设施不完善，尤其是缺少预冷库，预冷库不足会加速柑橘的腐损，降低了特色柑橘的流通竞争力。

在乡村振兴战略实施中，为确保三峡库区农民增收、农村发展、消费满意，解决农产品"买难""卖难"是首要问题。这就必须提高三峡库区农产品流通现代化水平和农产品流通效率，确保特色农产品既要产得出、产得优，又要卖得出、卖得好，以确保国务院《三峡后续工作规划》确定的首要任务"移民安稳致富和促进库区经济社会发展"的完成。

因此，在乡村振兴背景下，选择农产品流通现代化作为研究对象，以特殊地理区域三峡库区作为研究的特定空间范围，并以新型农业经营主体为特定的研究视角，有着独特的研究价值和重要的现实意义。

1.2 研究目的与意义

1.2.1 研究目的

本书从新型农业经营主体的视角，探寻三峡库区农产品流通现代化的理论模型，构建适合三峡库区独特地理区域的农产品流通现代化指标体系，实证研究三峡库区农产品流通现代化水平，分析区域内各区（县）农产品流通现代化的差异，研究农产品流通现代化影响机理及空间关联，提出乡村振兴背景下进一步推进三峡库区农产品流通现代化的政策建议，为三峡库区乡村全面振兴，农业强、农村美、农民富全面实现提供一种思路。

1.2.2 研究意义

"三农"问题是党中央、国务院最为关心的问题。《中共中央 国务院关于实施乡村振兴战略的意见》（中发〔2018〕1号）特别指出，要"加快推进农村流通现代化"。经过40多年的改革开放实践，围绕推进农产品流通现代化，我国基本构成了现代农村流通体系。受城乡二元经济结构影响和农村生产力水平较低的制约，农产品流通现代化仍然是现代化建设中的薄弱环节和最明显短板，这势必阻碍和影响乡村振兴战略"产业兴旺"总要求的实现，势必阻碍和影响乡村全面振兴，影响农业强、农村美、农民富全面实现。乡村振兴战略的进一步推进，需要推进农产品流通现代化的理论支持和政策建议。

（1）理论价值和意义。

①研究农产品流通现代化具有基础性的理论价值。本书通过探寻农产品流通现代化的理论模型，构建三峡库区这一特殊地理区域农产品流通现代化评价指标体系、标准与模型，基于新型农业经营主体，采用宏观数据和微观数据相结合的方式，对三峡库区农产品流通现代化的发展水平评价和影响机理进行实证考量，利用社会网络分析方法考察三峡库区农产品流通现代化的空间关联度，丰富和深化我国农产品流通现代化理论体系和研究方法。因此，研究三峡库区农产品流通现代化无疑具有基础性的理论价值。

②研究农产品流通现代化是马克思主义政治经济学的新发展要求。马克思的资本循环和周转理论认为，产业资本只有在循环运动中才能实现剩余价值，在周而复始、连续不断的循环运动中，不断实现价值增值。在资本循环的三个阶段中，商品形态向货币形态的转化，是资本运动的"惊险的跳跃"①，这是资本循环中一个十分关键和特殊的阶段。如果商品卖不掉，那么资本循环就不能回到它原本的出发点，资本的再生产就会中断。因此，马克思的社会再生产理论认为，社会再生产的核心问题是社会总产出的实现，商品价值补偿和实物补偿必须由流通过程来完成，由市场来实现。马克思还讨论了商品储备和商品运输等流通现代化的理论，认为商品储备是流通中的"蓄水池"②，运输业是"第四个物质生产领域"③。习近平经济思想是马克思主义政治经济学同中国经济发展的具体实际相结合的理论飞跃，习近平总书记关于商品流通问题的重要论述是习近平经济思想的重要内容，是马克思商

---

① 马克思，恩格斯.马克思恩格斯全集：第23卷［M］.北京：人民出版社，1972：124.

② 马克思.剩余价值论：第3册［M］.北京：人民出版社，1976：313.

③ 马克思.剩余价值论：第1册［M］.北京：人民出版社，1975：444.

品流通理论的创新发展。在乡村振兴战略背景下，习近平总书记指出，要深化农业供给侧结构性改革，必须走质量兴农之路，"农民种什么、养什么，要跟着市场走""既要产得出、产得优，也要卖得出、卖得好"。在指出农产品流通短板的基础上，习近平总书记提出了"推进农产品流通现代化"的重要指示。因此，农产品流通现代化符合马克思主义政治经济学理论的内在逻辑，而研究农产品流通现代化是马克思主义政治经济学的新发展要求。

（2）应用价值和意义。

①研究农产品流通现代化是乡村振兴战略发展的客观要求。"产业兴旺"是乡村振兴战略的首要任务。2018年中央一号文件指出：乡村振兴，产业兴旺是重点。"产业兴旺"的实现，一方面通过质量兴农，推进农业绿色化、优质化、特色化、品牌化，解决生产问题，解决"产得出、产得优"的问题；另一方面通过加快推进农产品流通现代化，重点解决农产品销售中的问题，解决"卖得出、卖得好"的问题。实现产业兴旺，生产和销售两者密不可分、缺一不可。

②研究农产品流通现代化是我国农业产业化发展的必然要求。农业产业化是指根据市场导向，重点发展主导产业和产品，将各种生产要素进行组合优化，实现区域化布局、规模化建设，最终形成生产、加工、销售、经营管理一体化体系，促进农业实现自我发展、积累、约束、调节的良性发展的现代化经营方式和产业组织形式。销售，即农产品流通，是农业产业化的核心组成部分。农业产业化经营在一定程度上需依靠各类龙头企业与经济组织的带动，将农产品生产、加工、销售各环节紧密相连。相较于农村家庭承包责任制，农业产业化更加注重农业生产的现代化、区域化、专业化和规模化，现代农业生产需要现代化的农产品流通。

③研究农产品流通现代化是农产品流通发展的内在要求。农业供给侧结构性改革、农业产业化更多是解决农业的生产问题。实现农产品由生产领域向消费领域的转移，完成农产品的"惊险的跳跃"，需要流通过程来完成，需要流通现代化来实现。我国农村农产品"卖难"现象普遍存在，并且我国农产品产后的分级、包装、仓储、物流（尤其是冷链物流）、营销等设施与观念存在明显短板。落后的农产品流通现代化，严重阻碍了我国农业产业化和农村现代化。因此，研究农产品流通现代化是农产品流通发展的内在要求。

1.3 研究内容、技术路线、拟解决的关键问题

1.3.1 研究内容

本书共8章，主要内容如下：

第1章 绪论。本章主要内容包括研究背景，研究目的与意义，研究内容、技术路线、拟解决的关键问题，主要研究方法，可能的创新点与不足。

第2章 农产品流通现代化理论基础与研究现状。本章主要对农产品流通现代化的理论基础和研究现状进行梳理。首先，本章对农产品流通现代化相关概念进行了界定，包括流通与流通现代化、农产品流通与农产品流通现代化、新型农业经营主体等。其次，本章对相关理论基础进行了梳理，主要包括马克思主义经济学流通理论、西方经济学中的流通理论、现代化理论。最后，本章对相关文献进行了梳理，包括基于农产品营销的研究、农产品供应链和农产品物流的研究、农户参与市场的研究、农户与合作经济组织的研究、流通现代化的研究、农产品流通现代化及其相关研究（农产品现代流通体系的研究、农产品流通渠道的研究、农产品流通效率的研究、农村电子商务的研究）、新型农业经营主体的研究（种养大户和家庭农场的研究、农民专业合作社的研究、农业龙头企业的研究），通过文献和理论梳理发现了目前的研究不足。

第3章 三峡库区农产品流通现代化理论分析框架。本章对三峡库区农产品流通现代化的概念进行理论上的剖析，并整合相关研究成果和理论，重新构建了三峡库区农产品流通现代化的理论模型。本章主要内容包括三峡库区农产品流通发展状态现代化、三峡库区农产品流通主体能力现代化和三峡库区农产品流通体制现代化。同时，本章根据这三个层次对其机理进行了深层次的剖析。

第4章 三峡库区农产品流通现代化评价。首先，本章从三峡库区农业农村发展概况、流通现状和保障条件三个方面分析了当前三峡库区农产品流通的现状。其次，本章根据三峡库区农产品流通现代化理论模型，对指标体系中的具体内容进行充实与量化，从理论和数据可得性的角度出发构建了三峡库区农产品流通现代化指标体系。该指标体系主要包括三峡库区农产品流

通发展状态现代化、三峡库区农产品流通主体能力现代化、三峡库区农产品流通体制现代化三个一级指标，农产品流通规模、农产品流通效率、农业发展基础设施、流通主体的人力资本、技术水平、效益水平、组织化与经营水平、市场化水平、监管水平、政策保障 10 个二级指标以及 37 个三级指标，并对数据的来源以及具体的衡量方式进行了说明。再次，本章对评价研究常用的方法进行了梳理和总结，结合本书的特点、数据类型以及各研究方法的优劣势，最终选取熵权法作为本书三峡库区农产品流通现代化指标确定权重的研究方法。最后，本章利用熵权法对三峡库区农产品流通现代化水平展开评价。其方法是先对每个级别的指标进行权重计算，然后形成三个一级指标的指数，再利用熵权法计算一级指标的权重。本章得出三峡库区农产品流通现代化水平的得分，并将三峡库区 15 个区（县）的农产品流通现代化水平进行层级划分，得出三峡库区各区（县）农产品流通现代化水平呈现层级分布的态势，各区（县）之间的农产品流通现代化水平依然存在着一定的地区差距的结论。

第 5 章　三峡库区农产品流通现代化影响机理分析。首先，本章提出研究假设。其次，本章利用 OLS 模型，分别以三峡库区农产品流通现代化得分、三峡库区农产品流通发展状态现代化得分、三峡库区农产品流通主体能力现代化得分、三峡库区农产品流通体制现代化得分作为被解释变量，农民基础能力、地区流通主体发展水平、地区物流条件、地区要素市场和地区金融支持作为解释变量，同时对三峡库区各区（县）的经济因素，如经济发展水平、产业结构加以控制，进行回归分析。本章还选取互联网基础设施、创业氛围、流通主体协作能力、物流信息化水平等进行调节效应检验。

第 6 章　三峡库区农产品流通现代化空间关联分析。首先，本章构建了三峡库区农产品流通现代化空间关联矩阵。其次，本章结合社会网络分析方法分析整体网络特征和个体网络特征，并运用块模型分析三峡库区农产品流通现代化的板块划分以及各板块的角色。最后，本章运用 QAP 相关分析和 QAP 回归分析方法，探讨地理距离、经济基础差异等因素对三峡库区农产品流通现代化水平空间关联的影响。

第 7 章　三峡库区农产品流通现代化的路径选择。本章通过梳理三峡库区农产品流通现代化评价研究、影响因素分析、空间关联分析以及前人相关研究，从农产品流通现代化协作机制、农产品流通组织化程度、三峡库区农产品品牌、农产品流通基础设施、农产品流通方式、农产品流通技术水平、农产品流通信息化建设、人才培养培训等方面，提出三峡库区农产品流通现代化可供选择的路径与对策。

第8章 研究结论与展望。本章总结全书主要研究结论和研究不足,展望未来研究方向。

1.3.2 技术路线

本书通过理论研究、评价研究、实证分析和对策分析探究三峡库区农产品流通现代化发展水平,为推进三峡库区农产品流通现代化发展提供参考借鉴。技术路线图如图1.1所示。

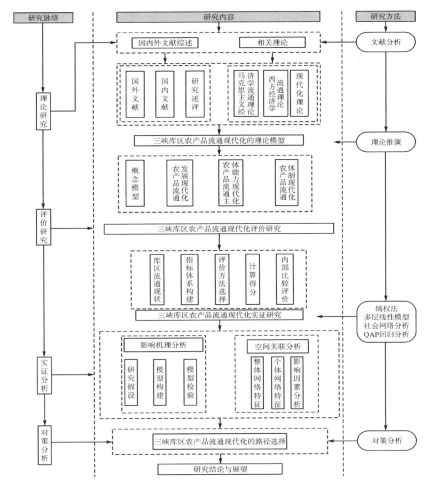

图1.1 技术路线图

1.3.3　拟解决的关键问题

本书的研究拟解决以下关键问题：

第一，如何在结合相关理论、现有文献、三峡库区具体情况的条件下，对我国三峡库区农产品流通现代化的科学内涵提出有见地的观点。

第二，如何构建科学合理的三峡库区农产品流通现代化发展的评价指标体系，并针对三峡库区的特殊性利用宏观数据和微观数据相结合的方式获取数据以及对数据进行科学的处理。

第三，如何对三峡库区农产品流通现代化发展水平进行科学的内部比较评价。

第四，如何确定三峡库区农产品流通现代化的影响机理以及空间融合度的影响因素。

1.4　主要研究方法

1.4.1　文献研究法

笔者在搜集、整理和研读与农产品流通现代化相关文献的基础上确定了研究的选题，依据文献资料阐述农产品流通现代化的概念、农产品流通现代化的理论框架以及农产品流通现代化指标体系等研究内容，尤其是本书研究中所运用的三峡库区农产品流通现代化指标体系。笔者在结合三峡库区自身特色进行适度调整优化时，重点参考了经典文献中的指标体系。

1.4.2　实证分析法

本书研究在剖析三峡库区农产品流通现代化的理论基础上，利用实际调研数据和宏观数据进行实证分析。

一是笔者利用熵权法对三峡库区农产品流通现代化发展水平进行了评价。

二是笔者采用普通最小二乘估计（OLS）分析了三峡库区农产品流通现

代化的影响机理。

三是笔者利用社会网络分析方法对三峡库区农产品流通现代化的空间关联特征进行了描述，运用 QAP 回归分析对三峡库区农产品流通现代化的空间关联度的影响因素进行了分析。

1.5 可能的创新点与研究不足之处

1.5.1 可能的创新点

（1）本书选择三峡库区这一独特的地理单元作为研究对象，探究三峡库区农产品流通现代化的发展水平，具有典型性和同类型地区普适性。本书从三峡库区农产品流通发展状态现代化、三峡库区农产品流通主体能力现代化和三峡库区农产品流通体制现代化三个层次，构建了三峡库区农产品流通现代化理论分析框架，并进而构建了三峡库区农产品流通现代化评价指标体系。

（2）本书从新型农业经营主体的角度，基于三峡库区农产品流通现代化理论分析框架，利用微观数据，在三峡库区农产品流通现代化的指标体系构建中突出了流通主体能力的重要作用。以往关于农产品流通现代化的研究仅从宏观的角度对流通主体的作用进行考察，往往因数据获取难而被迫忽视新型农业经营主体在农产品流通现代化中的作用。

（3）本书采用宏观数据和微观数据相结合的方式，对三峡库区农产品流通现代化的发展水平评价和影响机理进行实证考量，利用社会网络分析方法考察了三峡库区农产品流通现代化的空间关联度。本书通过问卷调查的方式对指标进行更精确的考量，改变以往对一些变量的数据难以获取的现实情况。同时，本书从空间关联的角度探究三峡库区农产品流通现代化的内部关联度，为三峡库区农产品流通现代化协作机制的开展提供理论依据。

1.5.2 研究不足之处

（1）本书使用宏观数据和微观数据相结合的方式构建三峡库区农产品流

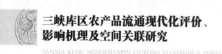
通现代化指标体系，并对其进行评价，在一定程度上改变了以往使用替代变量的弊端，但是本书的指标体系没有一定的标准判断三峡库区整体的农产品流通现代化处于什么水准，也无法和我国其他地区的农产品流通现代化水平进行比较，只能采取内部比较的方式。

（2）本书在前人研究的基础上，从新型农业经营主体的视角出发，对农产品流通现代化评价体系进行了一定的创新，但是由于数据可得性的问题，主要采用宏观数据和微观数据相结合的方式，仅用了 2018 年的截面数据，没有对一段时期内三峡库区农产品流通现代化的变化情况进行分析。

2

农产品流通现代化理论基础与研究现状

本章在对农产品流通现代化相关概念进行概述之后，从马克思主义经济学流通理论、西方经济学中的流通理论以及现代化理论角度，梳理了农产品流通现代化研究的理论基础，并综述了国内外有关农产品流通现代化的研究现状。

2.1　农产品流通现代化相关概念界定

2.1.1　流通与流通现代化

2.1.1.1　流通

"流通"一词在中文中的意思是指商品、货币的流转。与中文"流通"对应的英文，学者们并没有统一，有的对应为"circulation"，源于马克思的《资本论》，指以货币为媒介的商品交换；有的对应为"distribution"；还有的直接译为"marketing channel"[1]（李飞，2003）。从市场营销学的角度来说，"流通"实际是指"分销"与"营销渠道"。这表明"流通"与"分销""营销渠道"之间存在着概念上的重叠。

流通是指商品从生产领域到消费领域的转移过程[1]（李飞，2003）；分销是指商品从生产者手中向消费者手中转移所有权的过程[2]（郭冬乐，2003）；营销渠道是指产品及相关服务通过一系列相互依存的组织和个人，从其生产者或提供者转移到消费者的途径、过程以及相互关系[3]（Stern，1992）。可见，"流通""分销"与"营销渠道"三个词，皆含有"从生产者向消费者转移的过程"这一核心概念。但是，受学科、时代变迁、研究角度等因素影响，这些概念的含义在不断演变，表现出在不同语境环境下特有的内涵。如分销与流通，同样是商品由生产领域向消费领域的转移问题，对厂商是分销问题，对宏观经济是流通问题；在管理学是分销问题，在经济学是流通问题；从个体角度看是分销问题，从整体角度看是流通问题[1][4]（李飞，2003；夏春玉，2006）。分销渠道与营销渠道在管理学中的概念也是有区别的。分销渠道是指某种产品从生产者向消费者转移过程中所经过的一切取得所有权或协助所有权转移的组织和个人[5][6]（吴健安，2004；李飞，2004）。运输和仓储公司属于营销渠道组织[7]（迈克尔·贝克，1998）。

对流通的具体界定，学术界尚未形成统一的概念。按照马克思的观点，流通是社会再生产的环节之一，是商品所有者全部相关关系的总和。西方学者在这个问题上形成了三种主流看法：一是把流通和营销等同起来；二是从流通过程出发定义流通，认为流通是生产向消费转化过程中，人与商品转移的统一过程；三是将流通定义为商品从生产到消费等一切相关活动的总和。

本书使用学术界较为普遍的一种关于流通概念的定义和解释，即流通是指商品从生产领域到消费领域的转移过程。从形式上看，流通就是人们常说的购、销、运、存。购销创造数量与质量效用，运输与储存创造空间与时间效用[8]（陶琲、杨谦、李飞，1991）。

2.1.1.2 流通现代化

"流通现代化"的概念始于日本政府1962年提出的《流通合理化设想政策纲要》。20世纪80年代，国内学者开始关注并研究流通现代化。

关于流通现代化，具有代表性的观点如下：流通现代化包括流通组织、流通设施、经营方式、管理的现代化[9]（黄国雄、曹厚昌，1997）。流通现代化是指在商品流通的全过程中，运用先进的流通技术设施、手段和现代化的流通方式、管理方法，形成高效率、高效益的商品流通体系[10]（丁俊发、张绪昌，1998）。流通现代化包括流通观念、流通组织、流通经营、流通布局、流通技术以及流通制度的现代化[11]（晏维龙，2002）。流通现代化是指伴随着工业化社会和信息化社会而在商品流通领域产生的变革、创新过程[12]（宋则、张弘，2003）。夏春玉、瞿青珍、李飞（2003）把国内流通现代化内涵的几种观点，归纳为状态说、动态说与综合说[13]。

2.1.2 农产品流通与农产品流通现代化

2.1.2.1 农产品流通

农产品流通是通过买卖的形式实现农产品从农业生产领域到消费领域转移的一种经济活动，或者农产品从农业生产领域到消费领域的转移过程。转移过程包括农产品的收购、加工、包装、运输、储存、销售等环节。农业（种植业）、林业、畜牧业、渔业和副业的产品，统称为农产品。种植业的产品，包括粮、棉、油、麻、丝、茶、糖、菜、烟、果等产品，统称为狭义的农产品。

2.1.2.2 农产品流通现代化

农产品流通现代化具有流通现代化和农业现代化的双重属性。关于农产品流通现代化，具有代表性的观点如下：把现代技术、现代营销方法和营销理念应用到农产品流通过程中，以提高农产品流通速度，促进农产品流通发展[14]（王广深、马安勤，2007）。农产品流通现代化包括流通组织、载体、方式、技术以及支撑保障体系的现代化[15]（胡永仕、王健，2009）。农产品流通现代化是一国（地区）农产品流通的先进性状态，是一个动态的发展过程，包括流通组织、设施、技术、方式、关系以及制度的现代化[16]（郑鹏、李崇光，2012）。

本书倾向于郑鹏与李崇光对农产品流通现代化的界定。本书所说的农产品流通现代化是指介于宏观和微观之间的现代化，研究基于新型农业经营主体的农产品流通现代化，并不研究农产品营销渠道某个具体微观个体或组织的经济行为。

2.1.2.3 新型农业经营主体

农业经营主体是指直接或间接从事农产品生产、加工、销售和服务的个人和组织[17]（张义珍，1998）。有效的组织形式是社会经济发展中极其重要的社会资源[18]（李铜山、刘清娟，2013）。而对于农业来说，有效的组织形式是促进农业高效生产的重要载体。随着经济社会的发展，中国传统的小农户细碎化经营与新型农业产业不匹配，因此要推进新型农业经营主体的培育。这是推进农业现代化的重要途径，也是提高农产品流通现代化水平的必要条件。

2012 年，党的十八大报告强调"培育新型经营主体"。2013 年，党的十八届三中全会进一步指出"加快构建新型农业经营体系"。2016 年中央一号文件指出，坚持以农产家庭经营为基础，支持新型农业经营主体和新型农业服务主体成为建设现代化农业的骨干力量，加快形成培育新型农业经营主体的政策体系。在此背景下，新型农业经营主体不断涌现，产生了传统小农与种养大户（专业大户）、家庭农场、农民专业合作社与农业企业等新型农业经营主体并存的现象。种养大户和家庭农场以家庭经营为主，农民合作社为合作经营或集体经营，农业企业为集体经营或者企业经营。农业产业化龙头企业是政府认定的在规模和经营指标等方面达到规定标准的农业企业，又分为国家级农业产业龙头企业、省级农业产业龙头企业和县级农业产业龙头企业。

本书所说的新型农业经营主体是指三峡库区经营规模相对较大、装备技术条件相对较好、经营管理水平相对较高，从事农产品生产、加工、销售和服务，并且劳动生产、资源利用和土地产出率相对较高，以商品化生产和盈利为目标的农业经营组织。新型农业经营主体一般分为专业大户（种养大户）、家庭农场、农民专业合作社、农业企业和其他各类农业社会化服务组织。本书基于种养大户、家庭农场、农民专业合作社、农业产业化龙头企业进行调研，以此研究三峡库区农产品流通现代化。

新型农业经营主体是推进我国农业规模化与组织化进程的主体，也是促进农产品流通的重要力量。新型农业经营主体的良性发展对我国农产品流通现代化建设具有重要作用。

2.2 理论基础

2.2.1 马克思主义经济学中的流通理论

2.2.1.1 马克思流通理论

马克思流通理论是马克思在 19 世纪创立的。马克思流通理论以自由竞争资本主义时代的货币资本流通及其背后体现的经济关系和经济规律为研究对象。马克思流通理论研究成果集中体现在《资本论》一书中。

马克思流通理论研究是从商品交换开始，从商品流通、货币流通和资本流通三种意义上来研究流通的。马克思把流通界定为"交换的一定要素，或者也是从交换总体上看的交换"①。第一，"每个商品的形态变化系列所形成的循环，同其他商品的循环不可分割地交错在一起。这全部过程就表现为商品流通"。商品流通是一系列无休止的产品交换行为。第二，"作为商品流通的中介，货币取得了流通手段的职能"。在定义货币流通时，马克思这样说道："商品流通直接赋予货币的运动形式，就是货币不断地离开起点，就是货币从一个商品占有者手里转到另一个商品占有者手里，或者说，就是货币流通。"第三，"商品流通是资本的起点"。资本增值"既在流通中又不在流通中产生"。马克思认为，社会资本再生产的核心问题是社会总产品的实现问题。在资本循环的三个阶段中，商品形态向货币形态的转化，是资本运动的"惊险的跳跃"。

---

① 马克思. 资本论：第 1 卷 [M]. 北京：人民出版社，1975：106.

马克思流通理论研究流通时间和流通费用问题。马克思在研究资本循环与资本周转时讨论了该问题，认为"资本主义生产领域停留的时间是它的生产时间，资本在流通领域停留的时间是它的流通时间"①。"流通时间的延长和缩短，对于生产时间的缩短或延长，或者说，对于一定量资本作为生产资本执行职能的规模的缩小或扩大，起了一种消极限制的作用。"② 马克思将流通费用分为纯粹的流通费用、保管费用和运输费用。

马克思流通理论研究商品储备与商品运输。亚当·斯密认为储备是资本主义生产所特有的现象，马克思指出这种观点是"一种荒诞的见解"③，"产品储备是一切社会所共有的"④，是必不可少的经济活动。"实际上，储备有三种形式：生产资本的形式，个人消费基金的形式，商品储备或商品资本的形式。"⑤ 这种储备都是产品的所有者为既定的目的而储备的。马克思在《资本论》第二卷提出了一个精辟的论断："没有商品储备，就没有商品流通。"⑥ 要使商品流通不致中断，就要有足够维持各个组织环节供应的商品储备。马克思把商品储备对商品流通的这种重要性，形象地比喻为流通中的"蓄水池"。市场上必须有足够的商品储备，"流通过程从而包含流通过程在内的再生产过程的不断进行，才能得到保证"⑦。商品储备分为自愿储备与非自愿储备，商品储备必须有合理的储备数量。马克思认为运输业是"第四个物质生产领域"。马克思在《剩余价值论》中提出了运输业是"第四个物质生产领域"的著名命题。马克思把运输业与采掘工业、农业和加工工业三个物质生产领域相提并论而列为第四个物质生产领域。什么是商品运输？马克思指出："商品在空间上的流通，即实际的移动，就是商品的运输。"⑧ 在分析商品运输与商品流通的关系时，马克思认为，商品运输与商品流通是紧密相连的。马克思指出："物品的使用价值只是在物品的消费中实现，而物品的消费可以

①　马克思. 资本论：第2卷 [M]. 北京：人民出版社，1975：138.
②　马克思. 资本论：第2卷 [M]. 北京：人民出版社，1975：142.
③　马克思. 资本论：第2卷 [M]. 北京：人民出版社，1975：157.
④　马克思. 资本论：第2卷 [M]. 北京：人民出版社，1975：163.
⑤　马克思. 资本论：第2卷 [M]. 北京：人民出版社，1975：161.
⑥　马克思. 资本论：第2卷 [M]. 北京：人民出版社，1975：164.
⑦　马克思. 资本论：第2卷 [M]. 北京：人民出版社，1975：165.
⑧　马克思. 资本论：第2卷 [M]. 北京：人民出版社，1975：170.

使物品的位置变化成为必要，从而运输业的追加生产过程成为必要。"① 同时，为了缩短商品的流通时间，其重要途径之一就是发展运输业，改良运输工具，提高运输效率。在特定情况下，商品运输也可以不是商品流通的必要条件。马克思列举了两种情况，一是不动产（如房屋）的商品流通，二是投机性商品流通。

2.2.1.2 习近平总书记有关流通问题的重要论述

习近平总书记有关流通问题的重要论述是习近平经济思想的重要组成部分。主要内容概括如下：

一是流通产业引导经济转型。供给侧结构性改革是我国经济发展进入新常态的必然选择，供给侧结构性改革需要现代化流通体系支撑。流通必须服务于国民经济，大力发展现代流通业，加快形成以现代服务经济为主的产业结构。习近平总书记认为，流通产业具有引导和带动经济转型升级的作用，提出要将现代流通产业等服务业培育壮大，必须用现代信息技术和现代流通经营方式改造服务业，使之成为引导经济转型升级的"主动力产业"②。

二是推动物流业健康发展。我国物流费用占国内生产总值比重较高，物流对商品流通影响显著。2013 年 11 月，习近平总书记在山东临沂考察了金兰物流基地、物流信息中心，详细了解物流业运行过程和成本效益。他在考察讲话中特别指出，物流业连着生产和消费，在市场经济中的地位越来越凸显，"要加快物流标准化信息化建设，提高流通效率，推动物流业健康发展。"

三是推进农产品流通现代化。在乡村振兴战略背景下，习近平总书记认为要深化农业供给侧结构性改革，必须走质量兴农之路，"农民种什么、养什么，要跟着市场走""既要产得出、产得优，也要卖得出、卖得好"。我国农村农产品"卖难"现象普遍存在，习近平用了三个"还是"来描述优质农产品流通的难点："许多优质农产品还是在田头卖、在马路边卖，还是'提篮小卖'，还是'披头散发'在卖，好东西卖不出好价钱。"③ 习近平总书记指出我国农产品产后的分级、包装、仓储、物流（尤其是冷链物流）、营销存在短板。农产品流通不畅，严重阻碍了我国农业产业化和农村现代化。习近平总

① 马克思. 资本论：第 2 卷 [M]. 北京：人民出版社，1975：168.
② 习近平. 之江新语 [M]. 杭州：浙江人民出版社，2017：120.
③ 习近平. 习近平著作选读：第二卷 [M]. 北京：人民出版社，2023：88.

书记在指出农产品流通短板的基础上，提出了"推进农产品流通现代化"的重要指示。2020 年 6 月，习近平总书记在陕西考察时强调，电商能助推乡村振兴。

综上所述，农产品流通现代化思想，符合马克思主义经济学理论的内在逻辑，是马克思主义政治经济学的新发展要求。

2.2.2　西方经济学中的流通理论

2.2.2.1　主流经济学对流通理论的研究

把流通视为"财富的源泉"是 17 世纪 20 年代初英国启蒙经济学家托马斯·孟在《英国得自对外贸易的财富》一书中提到的。亚当·斯密的《国富论》指出，生产分工的前提是交换，交换使各种专业化生产成为可能。亚当·斯密在分析了分工和交换的内在规律和本质要求后，提出劳动价值论。在绝对比较优势理论基础上，大卫·李嘉图提出了比优势理论。

（1）流通在主流经济学中的抽象与淡化。19 世纪 70 年代开始，西方经济学边际革命兴起，新古典经济学脱离古典政治经济学的基本轨道，转向一般生产均衡研究。1890 年，马歇尔建立了一个以完全竞争为前提、以均衡价格为核心的经济学体系。之后，流通不再作为一个单独的研究内容被抽象、淡化。

（2）主流经济学对流通的研究侧重于国际贸易问题。国与国之间，由于要素不能自由流动，供给与需求难以相互作用，贸易问题或流通问题就凸显出来，成为经济学不可回避的问题。琼·罗宾逊（Joan Robison）和约翰·伊特韦尔（John Eatwell）在《现代经济学导论》中说："政治经济学借以获得发展的头一个问题是国际贸易。"国际经济学继承和发展了古典政治经济学有关分工和交换的原理，试图从理论上说明流通或贸易对经济增长的作用机理。实际上，这些理论也适用于一个国家不同地区间的贸易。

（3）产业组织理论对流通的研究。产业组织理论既涉及企业的生产行为，也涉及企业的销售和流通行为。有关商贸流通产业组织的研究在分析方法上也有所改进，梯若尔、鲍莫尔和斯宾塞（Tirole, Baumol & Spencer, 1999）运用各种博弈模型分析产业组织运行，贝恩（Bain, 1956）在研究产业进入政府管制时的分析结论，斯蒂格勒（Stigler, 1968）关于在位者与进入者之间

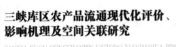

的成本和信息不对称分析，都在很大程度上启发了商贸流通理论运用这些方法，研究流通产业问题[19]。

2.2.2.2 非主流经济学对流通的研究

在西方经济学中，非主流经济学涉及流通问题的研究成果如下：

（1）区位理论与城市经济学。20世纪30年代，克里斯塔勒（Christaller）从贸易角度，提出中心区位理论。廖什（Losch）提出中心市场理论，认为城市实际上起到的是一种中心市场的功能。奥沙利文（O'Sullivan）运用聚集经济原理分析商业聚集。戴维·F.巴滕（David F Batten）和戴维·E.博伊斯（David E Boyce）对城市内部和城市间的商品流通建立了空间相互作用、运输和区域间商品流通模型。这些理论是研究商业规模和布局的重要理论基础。

（2）新兴古典经济学。在新兴古典经济学的理论框架中，交换的产生、贸易的形成、批发与零售的分工、流通渠道的演化等问题都被用规范的形式进行阐述。

2.2.2.3 新制度经济学的交易成本理论

新制度经济学的核心理论是交易费用理论。"交易费用"这一概念是罗纳德·科斯在1937年发表的经典论文《企业的性质》中首次引入经济学分析的。威廉姆森（Williamson）等对交易费用理论做了进一步的发展和完善。威廉姆森将交易费用分为事前的交易费用和事后的交易费用，并运用交易费用对产业组织进行研究。

2.2.2.4 日本经济学界对流通的研究

日本学术界对流通问题的研究是卓有成效的，有丰富的流通研究成果问世。例如，石原武政和加藤司合著的《商业学》《商品流通》，林周二著《流通革命》，荒川佑吉著《商业结构与流通合理化》，佐藤肇著《流通产业革命》《日本的流通机构》等。林周二在《流通革命》一书中最早提出"流通革命"的概念。佐藤肇还提出了流通管理革命的观点。日本通产省设有流通经济研究所，专门研究流通经济问题。

2.2.3 现代化理论

世界现代化的进程始于18世纪英国的工业革命和法国的政治革命。20世纪 50 年代，现代化现象引起学者们的关注和研究。现代化研究的第一次高潮是 20 世纪 50 至 70 年代，学术界将这一时期形成的理论称为经典现代化理论[20][21]（黄火键、李原园，2002；何传启，2003）。第二次现代化是 20 世纪 80 年代到现在，描述这个过程的理论被称为第二次现代化理论[21]（何传启，2003）。这一时期的研究集中在用地区个案去论证、检验和修正有关的理论和模式。

2.2.3.1 经典现代化理论

20 世纪 50~70 年代，西方从事现代化研究的学者试图从不同学科解释 18 世纪以来发生在全世界范围的现代化进程。其代表性著作有《传统社会的消失：中东的现代化》（Lerner，1958）、《现代化的动力》（Black，1966）、《社会结构与现代化的问题》（Levy，1967）、《现代化：抗拒与变迁》（Eisenstadt，1966）等。

（1）现代化的含义。现代化是指 18 世纪工业革命以来人类社会发生的深刻变革的过程。这个变革的过程就是现代社会日渐兴起、传统社会逐渐消亡的过程。多数学者认为，现代社会与传统社会最大的区别是现代人对社会与自然环境能够施以更强的控制。现代化既发生在西欧国家、美国、日本等先进国家的变迁中，也发生在不发达国家追赶先进国家的进程中[22]。

（2）现代化的过程。经典现代化理论认为，现代化是一个过程。亨廷顿（Huntington，1971）认为，现代化过程是革命的、复杂的、系统的、长期的、分阶段的、均质化、不可逆的、进步的[22]。

（3）现代化的动力。美国学者 Inglehart（1997）认为，现代化有三个主要动力：经济发展驱动、文化发展驱动、综合因素驱动[23]。

（4）现代化的模式与实现路径。艾森斯塔特（Eisenstadt，1966）、德赛（Desai，1971）认为，欧美国家现代化是内生的，而殖民地国家现代化是外生的，欧美国家现代化是可持续的，后起的殖民地、半殖民地国家现代化有可能出现"中断"的现象[23][24]。布莱克（1988）将世界上 170 个国家和地区的现代化模式分为七种[25]。何传启（1999）将经典现代化之路分为创新型、嫁接型、学习型和跟踪型四种[26]。

（5）现代化的评价。经典现代化理论认为，现代化应建立评价标准和评价体系。其中箱根模型（Biggerstaff，1966）、列维模型（Levy，1966）、现代人模型（Inkeles，1973）和比较模型颇有影响。但是，评价指标的具体数量

标准，经典现代化理论没有提出。

2.2.3.2 第二次现代化理论

关于现代化的研究，国内比较有代表性的学者有罗荣渠和何传启。20世纪90年代，中国科学院承担了一批国家现代化研究的重点课题，产生了在世界范围内具有影响的研究成果，其中何传启提出的第二次现代化理论尤为突出。

（1）现代化进程及特点。18~21世纪，世界现代化进程可以分为两个阶段。第一次现代化的主要特点是非农化、工业化、电气化、自动化、专业化、城市化、世俗化、民主化、多层化、制度化、理性化、标准化、市场化、集中化、大众传播、普及义务教育。其副作用包括环境污染和贫富分化。第二次现代化的主要特点是非工业化、全球化、知识化、信息化、网络化、数字化、服务化、智能化、多样化、绿色化、生态化、终身学习和普及高等教育。其副作用包括网络犯罪和信息鸿沟。

（2）现代化路径及定量评价。21世纪现代化的实现路径包括追赶现代化路径、第二次现代化路径和综合现代化路径。学者们提出了现代化指数的概念，设计了第一次现代化评价模型、第二次现代化评价模型与综合现代化评价模型。

总之，无论是第一次现代化理论还是第二次现代化理论，都为商贸流通领域现代化研究提供了坚实的理论基础和合适的研究框架。

2.3 文献综述

2.3.1 国外研究现状

孙剑和李崇光（2003）认为，国外农产品流通研究是从营销渠道（marketing channel）角度进行研究的，日本流通研究也是从营销渠道进行研究的，但欧美地区对农产品流通也有从物流、供应链角度进行研究的[27]。

2.3.1.1 基于农产品营销渠道的研究

依托于农业标准化的发展趋势，菲利普斯（Phillips，2002）提出了产品导向的农产品营销渠道的概念，阐述了在公司层面和特定农业区域差异化农产品营销渠道建立的战略意义[28]。卡纳万等（Canavan, et al., 2007）研究了互联网作为爱尔兰特色农产品营销渠道的可能性。该研究发现，特色农产品消费者能够在线上购物过程中获得更多的便利和多样性选择，互联网已经成为高价值商品、礼品包装产品以及具有消费体验产品的重要销售渠道。对于大多数农产品生产者而言，互联网可以补充其他营销渠道。在美国，农场发展趋势分析主要依赖于农场调查、"跟随"调查和农业资源管理调查（ARMS），这些方法在提供农场信息时受到很大的限制[29]。胡特和马特森（Hunt & Matteson, 2012）首先引入了 USDA 数据搜集系统来追踪农产品营销渠道的多样化信息。研究结果表明，在 2012 年以及 2017 年农场普查中，USDA 数据搜集系统的引入可以提高农场层面和行业层面对营销渠道的观察能力，比跟踪当地和区域粮食系统更加精确[30]。克里斯滕森（Christensen, 2017）针对美国本地的农产品采购和销售情况，研究了本地采购市场的业务绩效差异，特别是市场对劳动力分配和销售的影响。他通过引入二维固定效应模型，量化了农场属性对市场渠道盈利能力的影响[31]。卡卡提和查克拉博蒂（Kakati & Chakraborty, 2017）引入改进营销指数和 Shepherd 指数对印度农产品营销渠道进行分析，重点评估了三个传统农业营销渠道（当地代理商、小型和大型面粉厂、批发商和零售商）的效率[32]。

2.3.1.2 基于农产品供应链和农产品物流的研究

农产品供应链管理和物流，在减少水果和蔬菜的浪费、最大限度地降低商业成本和提高盈利能力等方面发挥着不可或缺的作用，已成为近年来的研究热点。在农产品供应链中，新鲜农产品是该行业最具活力的领域之一。瓦伦苏埃拉（Valenzuela, 2008）提出了一个管理新鲜农产品供应链的规划框架。该研究将整体规划问题分为战术和运营两个阶段。该研究的贡献是根据新鲜农产品的战术和运营规划开发一个综合的分层规划系统。该规划系统采用运营研究模型来规划高度易腐烂的产品，如番茄和青椒[33]。诺拉萨拉里和哈拉德（Narasalagi & Hegade, 2013）在对印度市场传统供应链、合作供应链和现代供应链进行研究后发现，传统供应链形式的营销成本最高，而净回报率最高的是合作零售形式，现代供应链形式的营销效率指数是最高的。对比班加罗尔蔬菜营销中的供应链管理，他们发现现代供应链的营销成本最低，价格最低，其次是合作和传统供应链[34]。伊斯拉姆和霍克（Islam & Hoque, 2017）

提出了一种供应商—制造商—零售商联合经济模型下的农产品供应链。该研究开发了一个三层供应链模型，包括单一季节性供应商、单一制造商和多个零售商[35]。穆恩和撒哈（Moon & Saha，2018）研究了新鲜农产品供应链中的投资和协调决策，并引入公平指数的影响来分析相应的结果。他们通过比较三个集中情景中的供应链利润，发现联合投资始终是供应链成员的最佳选择[36]。

2.3.1.3　基于农户参与市场的研究

20世纪90年代初期，关于农户参与市场的研究没有充分描述个体农户对市场的选择，并且通常认为农户的战略行为是相对同质的。农场管理学科并不强调农户参与市场的营销行为。企业管理非常重视个体企业的营销和战略活动。麦克利、马丁和兹瓦特（Mcleay，Martin & Zwart，1996）发现针对农业战略群体研究的重要性，但只有少数学者对农户个体层面的战略群体进行了研究[37]。麦克利、托民和布鲁斯（Mcleay，Tony & Bruce，1998）调查了农户参与市场营销渠道结构和个体企业选择决策行为，探讨了农户的何种销售交易形式会占据主导地位，各个公司的营销能力如何影响农户选择的问题[38]。沃尔尼和泽勒（Wollni & Zeller，2006）基于国际咖啡市场的数据，试图研究决定农户参与专业市场的因素以及农户充分参与市场的行为是否会导致农产品价格上涨。他们用两阶段模型分析农户的营销决策及受到价格的影响[39]。希金斯（Higgins，2009）分析了英、美两国逐渐兴起的一种农户参与市场的新兴模式——"农户市场"，即农户面向消费者直接销售其农产品。他们研究发现，越来越多的消费者更愿意直接从生产者那里购买当地食品，农户市场正在替代超市成为大规模生产食品的提供者，并被许多消费者视为一种更安全、更环保的购买食品的方式[40]。尼威格等（Nwigwe，et al.，2009）调查了影响尼日利亚农户参与山药市场的因素，采用基本的Probit和Tobit计量经济模型，确定了农户的社会经济和人口特征、生产量、消费量、销售量以及农户对各种市场选择行为，定量分析了影响市场参与的因素，并确定农户面临的主要制约因素。他们的研究结果表明，获取市场信息、推广人员联系、运输成本、农场规模和获得信贷设施是影响农户参与市场的主要因素[41]。迈克尔逊（Michelson，2012）分析了2000—2008年尼加拉瓜大型企业零售与农户之间的合同关系，并估算了参与这一新市场对农户家庭收入和生产性资产投资的影响[42]。蒙特拉（Montri，2012）针对低收入城市地区农民参与市场进行了专题研究，结果表明，低收入城市地区的小型（早期）农民市场需要复杂的管理形式，以实现平衡和多样化的产品组合[43]。阿布等（Abu，et al.，2016）在研究小农户参与市场的研究中同时考虑了模型参与和市场选择，通过使用样本选择性概率模型研究加纳小农的市场参与情况[44]。

2.3.1.4　基于农户与合作经济组织的研究

沃德（Ward，2012）通过分析泰国北部的两个多功能合作社，从农民的角度评估了泰国合作社的绩效。其研究结果表明，泰国的合作社有可能改善市场表现。该研究发现，合作社和批发商在同一市场竞争中，本地农民可能是最好的服务对象，合作社为农民的利益提供服务，批发商可以提高市场的效率或生产力。在经济地理学中，对新兴农业边疆地区的解释主要有两个理论视角，即土地租金理论和政治经济学[45]。杰普森（Jepson，2006）创新性地应用新制度经济学的概念来协调这些模型，从而推动了研究进程[46]。伯纳德和斯皮尔曼（Bernard & Spielman，2009）首次提出了农村生产者组织（RPOs）的包容性概念，研究了农村生产者组织的市场营销绩效与包容性之间的关系，并揭示它们之间相互影响的规律[47]。伯纳德（Bernard，2010）利用埃塞俄比亚农户的经验作为案例进行研究。他发现，农村生产者组织确实增加了农民在市场销售中获得的利润，但受益者往往不是最贫穷的农户。发展中国家的小规模农业生产者正面临着与市场自由化、全球化以及对农产品越来越严格的质量和安全要求相关的新机遇和挑战，使小规模农户更难进入市场[48]。卡萨姆等（Kassam，et al.，2011）研究发现，通过参与农民组织（FOs）的集体行动可以提供有效的市场参与机制，帮助小规模农户克服这些挑战，促进和影响现代市场链和贸易[49]。德斯拉瓦（DeSalva，2012）研究发现，农业合作社可以帮助农户进入食品供应商市场[50]。有研究者（Alho，2015）利用生产者组织结构的异质性来研究现代农业合作社成员对农民的重要性。其调查数据包括682家畜牧业合作社的芬兰农业生产者，分析了合作社成员的主观价值以及与交易成本效益的关系。其研究结果表明，稳定的市场渠道仍然是生产者认为来自合作社成员的最重要的利益[51]。塔德赛和凯西（Tadesse & Kassie，2017）首次提出了衡量集体行动中信任和承诺的理论，并进行了实证研究。其结果表明，在外部帮助下建立的农村组织，如非洲的农业合作社，很难赢得现有和潜在成员的信任[52]。

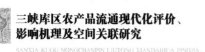
2.3.2　国内研究现状

2.3.2.1　流通现代化的研究

对流通现代化的研究，除研究基本概念与内容外，着重于流通现代化评价研究。代表性的评价研究有宋则和张弘（2003）设计了11个系统、50个一级指标的中国流通现代化综合评价指标体系[12]。李飞（2003）、李飞和刘明葳（2005）构建了一个有三级子系统的商品流通现代化的评价指标体系[53][54]。姚红（2005）从流通环境、流通地位、流通贡献、流通绩效、流通市场结构五个方面构建了流通现代化的评价指标体系[55]。学者们还开展了丰富且深入的结合中国国情的不同领域的流通现代化研究。

2.3.2.2　农产品流通现代化的研究

（1）农产品流通现代化发展模式研究。文启湘（2003）提出了现代化农产品流通组织体系模式的内涵[56]。刘芳（2008）提出了农产品流通现代化有集中发展、电子商务、农工贸一体化、农村现代化合作和区域专业化等发展模式[57]。全新顺和吴宜（2009）表明农产品流通现代化模式是通过产销一体化，带动优质农产品生产基地和城市需求对接，实现农村市场与城市市场协同发展[58]。王岳含（2016）探讨了我国农产品现代化流通模式构建问题[59]。齐艳和贾晋（2016）研究了国内外农产品流通现代化模式[60]。

（2）农产品流通现代化发展路径研究。纪良纲（2006）认为，农产品流通现代化应重点解决农产品市场建设、农产品价格形成机制、农产品流通宏观调控三个层面的问题[61]。赵显人（2009）认为实现农产品流通现代化的主要措施和方向是加快批发市场的升级改造、创新经营方式、提高农民组织化程度等[62]。胡永仕、王健（2009）提出了农产品流通现代化的路径选择[15]。李连英、李崇光（2012）在分析中国特色农产品流通现代化主要问题的基础上，提出了加快农产品流通组织化程度等对策[63]。胡瑜杰（2018）探析了新零售背景下农产品流通现代化的升级路径[64]。

（3）农产品流通现代化评价的研究。张江华、朱道立（2006）参考宋则和张弘的指标体系，利用相关性统计检验方法，提出了农村商品流通现代化评价体系的基本框架[65]。涂洪波（2012）构建了我国31个省（自治区、直辖市）农产品流通现代化评价指标体系[66]。涂洪波（2013）比较分析了中国、美国、日本、法国农产品流通现代化的关键指标[67]。王伟新、祈春节

（2013）在构建农产品流通现代化的综合评价指标体系的基础上，运用综合评价法和熵值法，测算了我国农产品流通现代化发展水平[68]。涂洪波、赵晓飞、孙剑（2014）模糊综合评价了我国农产品流通现代化[69]水平。涂洪波、李崇光、孙剑（2013）基于 2009 年省域的数据对我国农产品流通现代化水平进行实证研究，并对我国 27 个省（自治区、直辖市）2009 年农产品流通现代化水平进行了测算与排序[70]。2016 年，学习出版社出版的李崇光等的著作《中国农产品流通现代化研究》全面研究了我国农产品流通现代化问题[71]。周丹、杨晓玉、姜鹏（2016）基于 2000—2014 年度省际面板数据，测度与实证研究我国重要农产品流通现代化水平[72]。

2.3.2.3 农产品流通现代化的相关研究

（1）农产品现代流通体系的研究。农产品现代流通体系的研究主要集中研究农产品现代流通体系的构成、目标、战略、思路、对策以及水平评价等[73-93]（王杜春，2007；丁俊发，2009；杨春梅、郑继兴，2010；孙前进，2011；黄国雄，2011；宋则，2011；王晓红，2011；徐从才、唐成伟，2012；田野、赵晓飞，2012；张晓林、罗永泰，2012；王德章、周丹，2013；刘天军、胡华平、朱玉青等，2013；王丽颖、陈丽华，2013；张梅，2014；薛建强，2014；翟永平，2015；陈金龙、李思庚，2016；李玉梅，2017；郑琛誉、李先国、张新圣，2018；李丽、刘敬圆、刘文芳，2019；周丹、杨晓玉，2020）。

（2）农产品流通渠道的研究。关于农产品流通渠道的代表性研究成果如下：郭崇义等（2009）提出以实力强的流通主体为核心建立六种渠道模式[94]。赵剑（2010）表示批发市场可能成为未来蔬菜流通渠道的主导方式[95]。杨青松（2011）认为，农产品流通模式应是批发市场模式和"农超对接"模式的并存[96]。赵晓飞、李崇光（2012）研究了农产品流通渠道变革的演进规律、动力机制与发展趋势[97]。侯建昀、霍学喜（2015）研究了高价值农产品流通渠道的关键问题与政策导向[98]。刘鹏（2017）探究了鲜活农产品物联网流通渠道发展[99]。卢奇、洪涛、张建设（2017）研究了我国特色农产品现代流通渠道特征及优化[100]。赵大伟、景爱萍、陈建梅（2019）探讨了中国农产品流通渠道变革动力机制与政策导向[101]。王春娟、赖阳（2020）通过构建演化博弈模型，揭示农产品流通渠道变迁演化机制、路径以及条件[102]。

（3）农产品流通效率的研究。关于农产品流通效率内涵的代表性研究成果如下：李骏阳、余鹏（2009）认为，流通效率应包括流通成本和流通速度两层含义[103]。洪涛（2012）认为，流通效率具有单位时间内实现的商品价值与所耗费成本之比等多层次含义[104]。郭守亭等（2013）从市场、企业、资本和人员四个方面定义流通体系综合效率[105]。寇荣、谭向勇（2008）认为，流通环节各主体的经营效率及其相互间的合作效率影响整体流通体系效率[106]。张磊等（2011）认为，流通体系的运作效率就是农产品流通效率[107]。关于农产品流通效率指标体系构建与评价的代表性研究成果如下：孙剑（2011）指出，农产品流通效率由农产品流通速度、规模和效益三大类共 12 项指标构成[108]。赵峰（2011）梳理出质量、速度和经济三方面流通效率评价指标[109]。吕丹（2013）运用层次分析对影响农产品流通效率的各指标进行赋权，并采用模糊评价方法衡量各指标影响力的大小[110]。王仁祥、孔德树（2014）建立了农产品流通业从业人员数量和流通资本存量两个投入指标[111]。陈金波、戴化勇（2014）利用因子分析提取农产品流通效率评价指标体系的公因子，采用相关分析法确定农产品流通效率的影响因素[112]。汪旭晖、文静怡（2015）运用随机前沿分析方法分析了我国农产品物流效率的区域差异[113]。周峻岗、尚杰（2015）构建了适用于不同流通模式的农产品流通效率评价指标体系[114]。陈耀庭等（2015）运用流通成本、流通费用率、生产者分得比率三项指标，评价不同模式下的农产品流通效率[115]。李燕京（2015）从市场、运作和消费者层面构建农产品流通效率指标体系[116]。王娜、张磊（2016）构建了系统的农产品流通效率评价指标体系[117]。张永强等（2017）从速度、规模、成本和效益四个方面构建评价指标[118]。李专、于爱森（2016）采用随机前沿分析方法从全国和省域层面测量农产品流通效率[119]。欧阳小迅和黄福华（2011）、崔振洪（2013）、黄桂红和张丽亚（2015）运用数据包络分析的相关理论与方法对农产品流通效率问题进行了研究[120][121][122]。李靓、穆月英（2017）基于微观农户视角的 DEA-Tobit 模型，比较批发市场主导模式下不同渠道蔬菜流通效率[123]。关于农产品流通效率影响因素的代表性研究成果如下：杨宝宏、郭纪莲、魏国辰（2009）认为，生鲜农产品供应链中的物流、商流和信息流的通畅程度对其流通效率存在一定的影响[124]。胡强仁（2011）指出，影响农产品流通的因素有政策环境、农业经济现状、基础设施、市场信息化及科技化水平[125]。欧阳小迅、黄福华（2011）认为，农产品物流基础设施对流通效率具有明显的正向作用[120]。龚梦、祈春节（2012）基于供应链理论的视角，探讨了我国农产品流通效率的制约因素及突破点[126]。

（4）农村电子商务研究。学者们从不同视角对农村电子商务进行了研究。关于农村电子商务发展影响因素的代表性研究成果如下：杨燕、王伟（2011）认为，目前阻碍我国农村电子商务发展的最大绊脚石是缺少政府引导促进的发展机制和有效稳定的体系[127]。杨会全（2014）认为，推动农村电子商务发展的内在力量，也是最主要的助推力，是农民创新和农村企业创新[128]。穆燕鸿（2016）研究了影响农村电子商务发展五大因素之间的关系[129]。关于农村电子商务发展模式的代表性研究成果如下：姚庆荣（2016）认为，自上而下式、自下而上式的发展模式是我国农村电子商务的主要发展模式[130]。章薇婷、翁庆华、韩萌（2016）认为，遂昌模式兼具自上而下式与自下而上式，最主要还是依靠市场与农民自发性发展[131]。穆燕鸿、王杜春（2016）比较分析了沙集模式、遂昌模式、成县模式、通榆模式四种农村电子商务模式[132]。关于农村电子商务发展对策的代表性研究成果如下：谢天成、施祖麟（2016）认为，应通过加强农村基础设施建设、加快推进农产品上行、加强对农村的金融扶持等途径，解决农村电子商务发展中存在的问题[133]。丁明华（2016）认为，政府应从硬件和软件两方面着手，发展农村电子商务[134]。关于农村电商物流配送的代表性研究成果如下：武晓钏（2016）提出，通过建设市、县、镇、村四级物流配送运营服务体系，推动农村电子商务发展[135]。范林榜（2016）认为，解决农村电商物流配送难题，首先应当解决的是农村基础设施薄弱的问题[136]。

2.3.2.4　新型农业经营主体研究

新型农业经营主体是相对于传统小规模家庭经营农户而言的。国外的学者主要对家庭农场和合作社进行了研究，国内学者则从比较视角，将其界定为基于传统小规模、半自给的家庭承包经营基础上发展而来的经济组织。关于新型农业经营主体的代表性研究成果如下：黄祖辉、俞宁（2010）认为，我国农业经营主体已经完成由相对同质性的家庭经营农户占主导的格局，向多类型经营主体并存的格局转变[137]。陈锡文（2013）提出，新型农业经营主体必须坚持以家庭经营为基础、多种形式共同发展的经营模式[138]。张照新、赵海（2013）表示，新型农业经营主体具有较大经营规模、较好物质装备条件和经营管理能力的特点[139]。孔祥智（2014）认为，新型农业经营主体是指近年来通过土地流转形成的、直接从事第一产业生产经营活动的农业经济组织[140]。陈晓华（2014）认为，新型农业经营是建立在家庭承包经营基础之上，从事专业化、集约化生产经营，且组织化、社会化程度较高的现代农业生产经营组织形式[141]。宋洪远、吴比（2018）在分散的小规模农业生产格局的基础上，构建了契合中国农村发展实际的新型农业经营体系[142]。

（1）家庭农场、种养大户研究。家庭农场在国内兴起时间较晚，但在国外一些国家早已盛行，且研究较为深入。恰亚耶夫（Chayanov，1931，1932）认为，农业发展应走以农民家庭农场为主体的合作制道路[143]。曼恩和迪金森（Mann & Dickinson，1978）认为，农产品的保鲜性、劳动的灵活性、劳动力的雇佣、固定资产的利用以及利润性等外部因素造就了家庭农场的存在及持续发展[144]。加森和埃林顿（Gasson & Errington，1993）认为，家庭农场是所有者和经营者相统一的经营单位，所有权、管理权会不断地进行代际传承[145]。尤费尔德（Djurfeldt，1996）认为，家庭农场是生产、消费、亲属三种关系单元的集合体[146]。里德（Reid，2004）认为，家庭农场发展必须依赖于家庭成员，农场的代际传承对家庭农场的发展至关重要[147]。克苏斯（Calus，2008）认为，家庭农场的资产总额对家庭农场的顺利传承具有显著的正向影响[148]。伯雷茨和瑞吉特（Borec & Rejetal，2013）指出，家庭农场经营者的继承意味着上一代会将农场经营综合知识、专业知识、管理经验、生产技能、农场所有权及农场经营权传递给下一代[149]。

2013 年，中央首次提出"家庭农场"的概念。关于家庭农场的研究可以追溯到 20 世纪 80 年代初。当时，学术界广泛引入国外"家庭农场"的概念，认为其是一种制度创新，优于传统"大包干"生产模式。当时所谓的家庭农场主要是指以家庭成员为生产主体的国营农场，与当今家庭农场的定义并不一致。关于家庭农场的代表性研究成果如下：王刚和金广明（1984）[150]、李惠安（1984）[151]、王贞良等（1984）[152]。林毅夫（1994）认为，家庭农场具有显著优势，解决了农业生产中的监督和激励问题[153]。

2000 年以后，家庭农场发展多元化，研究日渐增多。较有代表性的研究成果如下：印堃华等（2001）、陈纪平（2008）、王铁和寇垠（2013）、伍开群（2014）、杨成林（2014）、王振等（2017）[154]-[159]。其主要观点如下：我国现代农业发展应建立能适应现代化、专业化、集约化经营的自主决策、自负盈亏的家庭农场[154]（印堃华等，2001）；农村家庭农场制度变迁的内在动因是规模经营、技术进步、专业分工，而农村家庭追求外部效益是家庭农场制度变迁的外在动因[157]（伍开群，2014）；家庭农场的兴起最关键的原因是国营农场制度效率低下[158]（杨成林，2014）。

（2）农民专业合作社研究。合作思想及合作社最早起源于欧洲。1844年，第一个世界公认的合作社——罗虚代尔公平先锋社在英国成立。马克思、恩格斯（1866）提出把合作社作为经济过渡的中间环节，又有自己"特殊利益"的经济组织[160]。列宁（1923）强调通过合作社把农民组织起来，把农民的私人利益、私人买卖利益与国家利益相结合[161]。

早期合作社经济研究源于美国，以埃米利亚诺夫（Emelianoff，1942）的著作《合作经济理论》和恩克（Enke，1945）的论文《消费合作社与经济效率》为标志[162]。20世纪70年代以后，合作社理论研究重点集中在不同市场条件下合作社的产量与价格决策和合作社的市场绩效。库克（Cook，1995）[163]、富尔顿（Fulton，1995）[164]、哈里斯·史蒂芬森（Harris & Stefanson，1996）[165]分析了新一代合作社的制度变迁、制度特征及其制度绩效。

早在20世纪80年代之前，我国学者对农民合作经济组织就有研究。20世纪80年代之后，学者们对农民专业合作社进行了较为深入的研究。代表性的研究者有侯立平（2006）、徐旭初（2008）、温铁军（2013）、秦愚（2013）、沈红梅和霍有光（2014）、黄金秋和史顺超（2018）、任大鹏和赵鑫（2019）等[166]-[172]。陆林、刘烨铭（2020）系统地梳理了1999—2019年农民专业合作社研究的演进路径和热点前沿[173]。

（3）农业龙头企业研究。在国外，农业龙头企业一般是指农业综合企业。农业龙头企业是带动农民、整合农业资源、实现农业生产要素向经济利润转换的重要组织形态。国内学者对农业龙头企业的相关研究主要包括三个方面：一是地位和作用研究。韦公远（1998）、周元和（2004）认为，农业产业龙头企业应在带动农户走入市场、引导农户生产、对农产品进行精深加工、提升农业产业竞争力等方面起示范和辐射作用[174][175]。二是农业龙头企业发展与政府的关系。曹利群、周立群（2001）从信息经济学的角度，分析政府应该对农业龙头企业进行政策扶持的必要性[176]。李晓峰、翁贞林、徐峰（2012）结合实证数据分析了政府不同的扶持政策对企业发展的影响作用[177]。三是农业龙头企业的企业绩效评价。杨印生、张充（2019）采用因子分析等实证研究方法，运用较常规的财务指标对农业上市公司的绩效进行实证分析[178]。我国龙头企业的整体绩效不高，两极分化较严重，盈利水平较低[179][180]（王怀明、史晓明，2010；刘克春，2012）。王丽明、王玉斌（2015）运用国家级农业产业化龙头企业数据，采用 DEA-Tobit 模型测度粮食类龙头企业效率[181]。张明林、文丽清（2016）采用 DEA-Tobit 两步法来研究扶持政策对绿色食品农业龙头企业的生产效率的影响[182]。朱红根（2018）从新制度经济学的视角，提出绿色创业行为有助于提高农业龙头企业绩效的理论假设[183]。

2.3.3　简要评述

国内外学者在商品流通、农产品流通和农产品流通现代化等相关领域取得了较为丰富的研究成果。首先，国内外学者在农产品流通理论、农产品流通渠道、农产品流通效率、农产品流通现代化评价体系等多方面已经取得突破性进展，为进一步研究打下了坚实的基础。其次，众多学者对国内外不同的农产品流通模式和体系等进行了对比研究，为构建及完善我国农产品流通体系提供了经验。最后，国内外学者在农产品流通体系构建、农产品流通渠道、农产品流通效率评价、农产品流通现代化评价以及电子商务等方面进行了大量实证研究，尤其是李崇光教授团队在农产品流通现代化研究方面取得的成果，为本书的研究提供了大量可供借鉴的思路与方法。

已有研究在取得丰富的成果同时，也存在一些不足，宏观层面的研究较多，微观层面的研究较少，尤其是基于新型农业经营主体的研究较少，更缺乏基于新型农业经营主体研究农产品流通现代化的成果。首先，关于三峡库区的相关研究中，研究经济发展战略、区域经济合作和经济一体化的文献居多。三峡库区的农产品流通对库区农业经济发展与安稳致富有重要影响，目前还没有文献综合分析三峡库区的农产品流通效率、流通体系和农产品流通现代化问题。其次，现有文献对农产品现代流通体系建立、农产品流通效率评价、农产品流通现代化评价以及电子商务对农产品流通现代化的影响等方面的研究还不够全面和深入，大多数是从宏观的角度，使用一些代理变量对地区的农产品流通进行研究，从微观角度对农产品流通现代化定量测度研究不够。新型农业经营主体在农产品流通中起着至关重要的作用，但基于新型农业经营主体视角来分析三峡库区特殊地理区域的农产品流通现代化的实证研究仍为空白。最后，鲜有学者从空间关联的角度对农产品流通现代化进行分析。地区的农产品流通现代化是一个与周围其他地区相互关联、相互协作的过程，要素的相互补充和农业生产相互合作是农产品流通现代化水平持续发展的关键。因此，针对农产品流通现代化的空间研究很有必要。

2.4 本章小结

本章梳理了农产品流通现代化的理论基础和研究现状。首先，本章对农产品流通现代化的相关概念进行了界定，包括流通与流通现代化、农产品流通与农产品流通现代化、新型农业经营主体。其次，本章对相关理论基础进行了梳理，主要包括马克思主义经济学流通理论、西方经济学中的流通理论、现代化理论。最后，本章对相关文献进行了梳理。本章通过对文献和理论梳理发现：第一，三峡库区的相关研究中，聚焦经济发展战略、区域经济合作和经济一体化的文献居多，还没有文献综合分析三峡库区的农产品流通效率、流通体系和农产品流通现代化问题；第二，现有研究对农产品现代流通体系建立、农产品流通效率以及农产品流通现代化评价还不够全面和深入，从微观角度研究农产品流通现代化不够，而基于新型农业经营主体视角来分析三峡库区农产品流通现代化的实证研究更是空白。

三峡库区农产品流通现代化理论分析框架

农产品流通现代化是一个具有多维度、多层次的复合型概念。本章根据前人的研究、我国农业发展的特点与趋势以及三峡库区独特的地理单元特性，对三峡库区农产品流通现代化的理论框架进行了剖析。

3.1　农产品流通现代化理论模型

农产品流通现代化是一个多维度、多层次的复合型概念，是以现代农产品交易方式、业态、先进物流技术、组织方式等为标志的一种动态性的、渐进性的农产品流通变革过程[70]（涂洪波、李崇光、孙剑，2013）。其中，交易方式、物流技术等是以技术手段为支撑的。物流技术又与地区的交通设施、农业固定资产投资、物流条件等息息相关。交易方式与互联网的使用、流通主体对互联网技术掌握密切相关。业态、组织方式是以流通主体的组织化变革为支撑的。同时，业态和组织方式的现代化发展又是与技术水平、物流水平以及流通主体之间的协同发展相联系的。除此之外，地区的流通规模、效率的基础以及支撑农产品流通现代化发展的外部机制体制也对流通现代化的发展产生重要影响。首先，流通规模和流通效率等是对农产品生产与流通的规模化程度和流通组织之间的协作效率、农产品从生产端向消费端转移的效率的重要考量指标，流通规模和流通效率的提升是农产品流通现代化的基本要求。其次，支撑农产品流通现代化发展的外部机制体制，如市场化水平、政策保障等是农产品流通现代化发展的重要保障，在整个农产品流通现代化体系中扮演着联通农产品从生产端向流通端转移的重要角色。例如，市场化水平的提升可以平衡各个流通主体、流通环节的议价能力，畅通流通渠道，保持流通体系之间的畅通；监管水平的提升可以从产品的质量安全、农产品的品牌化管理等方面进行提升；政策保障可以为流通主体对农业生产要素的获取以及流通环节的推进提供一定的政策支持。

综合以上对农产品流通现代化的内涵剖析以及前人关于农产品流通现代化的研究成果，我们将农产品流通现代化的重要标志（交易方式、业态、先进物流技术、组织方式等）进行层次性的重组与融合，最终形成三峡库区农产品流通现代化概念模型。该模型主要包括三个层次：三峡库区农产品流通发展状态现代化、三峡库区农产品流通主体能力现代化和三峡库区农产品流通体制现代化（见图3.1）。首先，流通规模、流通效率和流通基础设施等流通状态，既是农产品流通现代化的重要指标又是支撑农产品流通规模化发展、提高农产品流通各环节的协同效率、保障农产品从生产端向消费端流通的基本条件。其次，农产品流通现代化的重要标志中交易方式、业态、组织方式等都是流通主体主导或参与完成的，同时流通主体的能力既是支撑农产品流通现代化的基本素养又是评判农产品流通现代化的重要标志。因此，农产品流通主体能力的提升是促进农产品流通现代化的重要组成部分。其主要包括农产品流通主体的人力资本、技术水平、效益水平和组织化与经营水平。最后，农产品流通体制主要包括市场化水平、监管水平、政策保障，它为流通主体的能力提升与释放提供保障，也为流通环节和流通渠道的畅通提供支持。

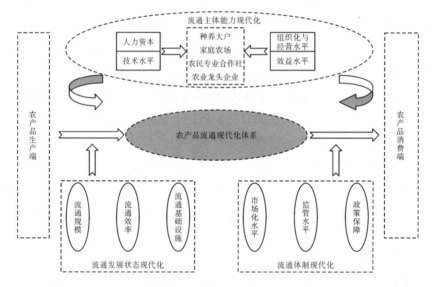

图 3.1　三峡库区农产品流通现代化理论模型

3.2　农产品流通发展状态现代化

农产品流通发展状态现代化是指一个地区农产品流通规模、农产品流通效率等达到某种现代化的程度，这种状态是判断农产品流通发展水平是否达到现代化的重要标准，也会在一定程度上对农产品流通业产生影响。周丹等（2016）通过研究我国重要农产品流通现代化建设水平，将农产品流通发展状态现代化归纳为农产品流通效益、农产品流通结构、农产品流通效率三个二级指标，劳动生产率、销售利润率、农村流通发展强度、农产品流通速度、农产品批发零售企业存货周转率五个三级指标[72]。王伟新、祁春节（2013）通过构建农产品流通现代化的综合评价指标体系，利用熵值法以及综合评价法，测算了我国的农产品流通现代化发展水平。他们从规模指数、效率指数、贡献指数来描述农产品流通发展状态现代化[68]。农产品流通发展状态现代化是农产品流通现代化的关键。对于三峡库区而言，流通规模、农产品流通效率、流通基础设施对农产品发展状态现代化起着至关重要的作用。同时，流通基础设施的完善程度对流通规模和流通效率有一定程度的影响（见图 3.2）。

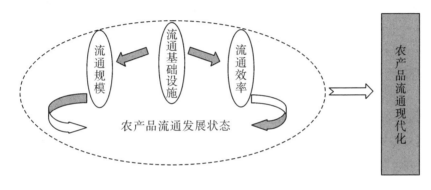

图 3.2　三峡库区农产品流通发展状态理论模型

3.2.1　农产品流通规模与农产品流通现代化

农产品流通规模指标是农产品流通现代化评价的关键性指标[184]（姚红，2004）。农产品流通规模是流通总量和流通业集中程度的体现，规模越大，流通业越集中，越能获得规模效益，相应的流通效率就越高。农产品流通规模指标不仅是衡量农产品流通现代化最重要的指标之一，也代表流通现代化整体发展状况、农产品流通业的竞争力和对国民经济的贡献程度，并且还是常用的产业间以及国家间可横向比较的指标。

3.2.2　农产品流通效率与农产品流通现代化

农产品流通效率是农产品流通过程中的流通产业和流通支出之比[185]（张磊、王娜、谭向勇，2011）。流通效率通常被用来测算农产品流通业整体水

平。鲜活农产品的流通效率不仅对农产品到达消费者面前的质量有直接影响，而且对农产品购销与农民收入等问题产生直接影响，因此农产品流通效率是农产品流通现代化评价的关键。就发达国家而言，流通业不仅在就业机会、利税、GDP 占比、经济增长指数等方面体现其作用，还对经济循环、资源配置、资本周转以及经济运行节奏产生重要影响。因此，流通效率的提高是深化流通体制改革、推进我国流通现代化发展的关键步骤，也是衡量一个地区流通发展状态的重要组成部分。

3.2.3　农业发展基础设施与农产品流通现代化

农业发展基础设施可以无视农产品交易时间与空间的壁垒，令农产品实现其价值。2002 年，农业部等部门在《关于加快农产品流通设施建设的若干意见》中提到，农产品流通基础设施是农产品流通的载体。农产品流通基础设施既是农业生产与城乡居民生活消费的关键连接，又是社会基础设施的重要组成部分[186]（张贵友，2008）。2007 年中央一号文件指出，推进农村流通基础设施建设是发展我国现代化农产品流通方式的关键路径。我国不少农村地区地处偏远地区，尤其是三峡库区位于山区以及丘陵地带，难以形成完整的交通网络。同时，由于三峡库区二元经济结构特征突出，交通不便，导致农产品对外流通效率低下，而农产品的冷链运输和冷库储存又为农产品的流通提出了新的要求。交通条件的制约限制了农产品流通现代化的进一步发展。因此，推动农业基础设施建设是促进农产品流通现代化发展的必要条件。

3.3　农产品流通主体能力现代化

根据新型农业经营主体的相关研究，新型农业经营主体是推动农产品流通的主要力量。同时，新型农业经营主体也构成了当前农产品流通的主体，（主要包括种养大户、家庭农场、农民专业合作社和农业龙头企业）。因此，新型农业经营主体的能力对农产品流通现代化水平具有重要作用，无论是人力资本、技术水平，还是组织化与经营水平，对农产品流通的技术水平、组织化变革等都具有重要影响。农产品流通主体能力的提升对农产品流通现代化起着正向促进作用，也是农产品流通现代化评价的关键指标（见图3.3）。

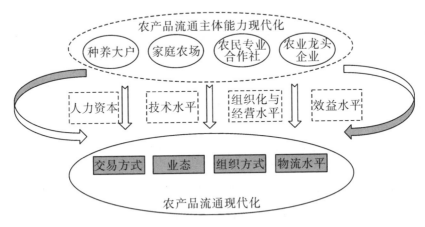

图3.3　三峡库区农产品流通主体能力理论模型

3.3.1　人力资本与农产品流通现代化

农产品流通现代化的发展需要大量专业人才的支撑。当前，农产品流通业存在人员素质普遍偏低、人才储备不足的问题，无法达到促进农产品流通现代化发展的要求。对于三峡库区的农民来说，其普遍存在人力资本较低的情况，再加之库区移民使得库区农民教育出现断层，农产品流通所需要的技术水平和组织化变革无法与农民所具备的人力资本相匹配。农产品流通现代化是利用现代营销手段、现代流通技术推动农产品流通的过程，农民的人力资本对现代营销技术的掌握和先进技术的使用至关重要。因此，流通主体的人力资本是支撑农产品流通现代化发展所需要能力的关键支撑要素，也是构成农产品流通现代化的重要指标。

3.3.2　技术水平与农产品流通现代化

与农产品流通现代化有关的技术主要有两类，一是利用信息化进行采购和销售，二是冷链物流技术对农产品流通里程的延长和保鲜时效的增加。首先，农户对互联网技术的掌握可以使农户自主从网上销售农产品，改变了以往单一地从农贸市场销售的现状，增加了流通渠道。同时，具有公司性质的农民专业合作社开展电子商务业务在一定程度上扩大了地区农产品流通规模，并带动了农民对农产品的销售。其次，冷链物流技术的普及使农业龙头企业对深加工农产品的流通成为可能。对于农业龙头企业来说，具备冷链物流配送能力是农业龙头企业持续性发展的关键。地区冷链物流配送能力的提升在一定程度上推动了农产品流通现代化发展。因此，流通主体的技术水平在一定程度上决定了地区农产品流通的整体技术水平。

3.3.3 效益水平与农产品流通现代化

当前，我国农业发展正处于由原来自给自足的小农经济向家庭农场等新型农业经营主体转换的过程中，其核心是将农业生产从粗放式、自给自足的小农生产向专业化、集约化、社会化与组织化的农场生产转变。家庭农场、农民专业合作社、农业龙头企业作为农产品流通的新型主体改变了以往粗犷式的小农经济的弊端，其效益水平对拉动流通规模、提高流通效率、促进农产品流通现代化具有重要作用。

家庭农场既是生产主体，也是流通主体。在家庭农场中，家庭成员的共同劳动可以解决我国农村农地小而分散的迫切问题；同时，由于家庭成员具有高度一致的经济利益，可以最大限度地激发其主观能动性，降低劳动计量与监督频次，在一定程度上减少由于自然环境依赖造成的监督成本。同时，家庭农场能够解决城镇化发展导致的农业生产问题。目前，家庭农场中的一些年轻人放弃外出打工，选择留乡务农；在外打工的部分年轻人也回乡经营家庭农场。因此，发展家庭农场可以有效解决"未来谁来种地"这一现实问题，对拉动地区农产品流通现代化的发展具有一定作用。

农民专业合作社是农民自我联合的组织，它改善了我国之前用外力组织小农户生产经营的情况。农民专业合作社通过生产要素的聚集与规模扩大，削弱以普通成员为代表的小农户在市场竞争中的劣势，并采取"一人一票"的治理模式、惠顾返还的盈余分配模式，来确保农民专业合作社成员共享产业链、价值链的增值收益。农民专业合作社人人为我、我为人人的合作理念，令其能够更好地推动贫困农户、留守人口就业，吸收农村闲散资源。因此，农民专业合作社不仅具有带动普通农户农业生产、带领农民致富的作用，还具有整合农业资源使小农生产向规模化、集约化转变，从而拉动地区农产品流通业发展的作用。

农业龙头企业不仅是一种高效、规模化的农业生产经营形式，还是适应农业市场化、产业化、现代化的发展要求，推进农业供给侧结构性改革的有效方式。我国农业龙头企业在市场上可以根据市场需求为社会提供各类农产品，贡献利税；可以促进农业产业结构的优化，并通过多种形式带动农户生产、就业与增收。

3.3.4　组织化及经营水平与农产品流通现代化

在农产品流通业中，组织化与经营水平的变革主要是指：第一，种养大户和家庭农场主经营方式的改变与组织化的变革。例如，种养大户和家庭农场主通过互联网进行原料的采购与销售、参与农民合作社从而扩大生产规模和延长价值链。第二，农民专业合作社促进产业融合。例如，农民专业合作社建立乡村农业旅游等合作社。第三，农业龙头企业线下连锁经营与线上电子商务销售相结合。这一系列组织化与经营水平的变革会使得地区农产品流通渠道不断扩展，农业和旅游业不断融合，也使得农产品价值链进一步延长，促进农产品流通现代化的不断发展。

流通主体的组织化与经营水平的变革是农产品流通现代化的重要标志。例如，李崇光、赵晓飞、孙剑（2016）认为，流通主体线下经营连锁是组织化经营水平的重要表现[71]。涂洪波等（2014）采用农产品流通业技术人员比重和农产品流通业连锁经营比重来代表农产品流通主体组织化与经营水平，利用模糊综合评价方法对我国农产品流通现代化的省域水平进行了实证研究[69]。王伟新、祁春节（2013）用连锁经营销售额占农产品流通业销售总额比重、配送中心的配送率、第三方物流比重研究了流通主体的组织化经营水平[68]。首先，农民线下销售农产品受时空的限制客源有限，很多优质农产品仅靠线下销售规模有限。农民线上销售可以借助现代化媒介手段，把各地的农产品快速推向消费者，打响品牌，畅通销售渠道。这样不仅避免了中间环节逐级加价、流通环节和库存的损耗、资金投入的周转缓慢引发的农产品利润偏低问题，还避免了由于传统分销渠道覆盖面窄、效率低下，导致不能满足农产品季节性生产和季节性消费，从而无法快速实现短时间、大范围、多渠道分销的要求。农民线上销售能降低仓储、营销、渠道维护等方面的成本，从而用较低价格去拓展自身的市场空间，在为消费者带来实惠的同时充分保证自身的利润空间。其次，农村一二三产业融合发展，对农产品流通现代化有着积极的影响。传统农场主要采用养殖、种植的模式，并没有参与流通过程。若直接在本村加工农场作物，并在农场设计供休闲、旅游的观光板块，那就包含了农业、工业以及第三产业，形成了一个全新的农业发展模式。最后，农业龙头企业线上电子商务能够促进省际、国际农产品流通，打破了非网络时代农产品流通封闭的局面。电子商务一方面缩短了农产品的流通环节，拓宽了农产品的销售渠道；另一方面加强了农产品市场信息的传播途径，实现了农产品生产与市场需求的有效对接。因此，农业龙头企业电商化经营是当前经济环境下的大势所趋。综上所述，流通主体的组织化与经营水平已经成为推动地区农产品流通现代化发展的重要能力。

3.4 农产品流通体制现代化

农产品流通体制现代化主要涉及保障农产品流通业健康良性发展的外部环境与相关制度，如农产品流通市场化程度、对农产品质量和农业生态等的监管、政府或农业部门出台的惠农政策等。目前，鲜有学者对农产品流通体制进行研究，尤其是在农产品流通现代化评价体系的研究中还没有学者对流通体制进行针对性研究，但流通体制的现代化水平作为农产品流通业发展的外部环境，对农产品流通现代化的发展具有潜移默化的影响（见图3.4）。

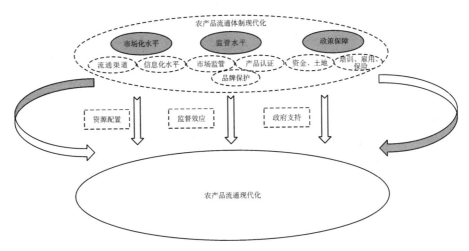

图 3.4　三峡库区农产品流通体制理论模型

3.4.1　农产品市场化程度与农产品流通现代化

农产品市场化程度主要是指农产品处于流通过程中在市场能充分发挥效用的领域内，实现从计划配置农业资源、分配农业剩余向市场配置和分配的转变，具体包括劳动力市场化、农业资金市场化、农产品价格市场化、农产品流通市场化等几个方面。农产品能否顺利从生产领域转移到消费领域，与农产品流通市场化程度高低有着最为直接的联系。目前，农产品从产地到最终消费市场，中间经过多重环节，大多数具有"两头小中间大"的特征，即生产端和消费端议价能力较弱，而中间端议价能力较强。市场化程度低将导致流通渠道权力不平衡、结构不对称的问题。渠道权力严重向农业龙头企业倾斜，农户谈判能力不强，利益难以得到保障。整体流通渠道的不畅通性将抑制农产品流通现代化的发展。

3.4.2　监管水平与农产品流通现代化

对于农产品流通来说，监管水平一是体现在对产品质量的监督、对市场秩序的监管，只有这样才能保证农产品流通的市场是有效和完善的。二是体现在对农产品的产品认证和品牌保护。首先，"三品一标"等地区性的产品认证可以形成地区性农产品品牌，不但可以提高农产品的质量监管水平，还可以推动农产品流通规模的扩大，提高品牌价值。其次，对地区认证的农产品品牌或自己注册的农产品品牌的保护，可以增强流通主体对农产品流通市场的信心，促进农产品流通市场的良性发展，为农产品流通现代化提供可靠屏障。

3.4.3 政策保障与农产品流通现代化

对于农民来说，政策是获取生产要素，弥补农业生产要素不足的重要来源。良好的政策保障可以为流通主体提供政策性资金，解决农民融资难的问题；良好的培训政策可以增加农民参加相关农业生产技能培训的频率，弥补农民自身欠缺的人力资本的问题；良好的土地政策可以为农民在租赁或购买土地的过程中减少成本，更好地扩张农业生产规模；良好的雇用政策可以使农民在生产过程中及时补充人力缺口，同时解决农村地区的就业问题；良好的保险政策可以降低农民在生产过程中由于天气等因素所带来财产损失的风险。因此，政策保障可以为农产品流通现代化提供坚实的政策屏障，对流通现代化具有促进作用。

3.5 本章小结

本章对三峡库区农产品流通现代化的概念进行理论上的剖析，并整合相关研究成果和理论，重新构建了三峡库区农产品流通现代化的理论模型。该模型主要包括三峡库区农产品流通发展状态现代化、三峡库区农产品流通主体能力现代化和三峡库区农产品流通体制现代化。同时，本章根据这三个层次对其机理进行了深层次的剖析，得出以下结论：三峡库区农产品流通发展状态现代化主要包括流通规模、流通效率、农业基础设施的现代化；三峡库区农产品流通主体能力现代化主要包括流通主体的人力资本、技术水平、效益水平、组织化与经营水平现代化；三峡库区农产品流通体制现代化主要包括市场化水平、监管水平和政策保障现代化。

4
三峡库区农产品流通现代化评价

　　通过第 3 章理论分析框架的构建，本书提出三峡库区农产品流通现代化主要包括三峡库区农产品流通发展状态现代化、三峡库区农产品流通主体能力现代化和三峡库区流通体制现代化。本章首先对三峡库区农产品流通的现状进行分析，然后利用熵权法对三峡库区农产品流通现代化水平进行测度与评价。

4.1　三峡库区农产品流通现状分析

4.1.1　三峡库区农业农村发展概况

4.1.1.1　特色产业基础

（1）三峡库区农业基本情况。三峡库区位于长江上游、中国西南部，属亚热带湿润季风气候区，降水充沛，雨热同步，主体气候十分明显，水热条件优越，各种农作物均能良好生长，为发展种养殖业提供了先决的气候条件。三峡库区大多区（县）处于川东平行岭谷区和大巴山断褶带，土壤以富含氮、磷、钾肥沃紫色土为主，占耕地面积的74%，且山多地少，山地丘陵占94%，坝地和岗地占6%，土地资源类型多种多样，为农作物的生长提供了良好的土地条件。

三峡库区主要生产粮食、油料、烟叶、水果、蔬菜、肉类和水产品等农产品，并以粮食、油料、肉类和水果为主。2009年以来，随着国家惠农政策的逐步落实和三峡库区后扶政策的逐步实施，三峡库区农业产业结构进一步优化，农业综合生产能力稳步提高，实现了丰产丰收。2018年，三峡库区农林牧渔业总产值达992.66亿元，其中重点库区达598.25亿元；农作物播种面积达167万公顷，粮食总量达518万吨，油料总量达26.04万吨，猪肉产量达62.92万吨。

①农林牧渔业总产值。如表4.1、图4.1所示，在农林牧渔业总产值方面，2009—2018年，三峡库区各区（县）农林牧渔业总产值呈不断上升的趋势，表明2009年以来，三峡库区的农业发展水平持续提高。但是，库区内部差异较大，2018年江津区农林牧渔业总产值最高，达131.03亿元；巫溪县农牧渔业总产值最低，仅为30.64亿元；从增速来看，巫溪县农林牧渔业总产值增速最快，2018年农林牧渔业产值较2009年增长了1.51倍；渝北区增速最慢，2018年农林牧渔业产值较2009年增长了31%。

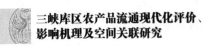
表 4.1　2009—2018 年三峡库区农林牧渔业总产值

单位：亿元

年份	万州区	涪陵区	渝北区	巴南区	长寿区	江津区	开州区	石柱县	武隆区	丰都县	忠县	云阳县	奉节县	巫山县	巫溪县
2009	44.21	40.18	25.06	36.23	28.79	60.09	40.67	18.12	15.28	21.47	28.37	31.05	29.03	16.08	12.19
2010	49.51	44.98	27.15	40.34	31.90	66.69	45.76	20.47	16.97	24.07	31.54	34.53	32.38	17.84	13.61
2011	62.32	55.46	32.94	50.03	40.73	80.80	57.16	25.28	21.18	29.74	38.55	43.39	41.22	22.55	17.17
2012	69.66	62.23	35.50	55.63	45.26	88.57	63.75	27.84	23.59	33.31	42.41	47.94	45.89	24.84	18.99
2013	76.04	67.37	37.84	60.12	49.29	96.53	69.27	30.33	25.26	35.99	45.68	52.15	49.60	26.87	20.55
2014	81.45	72.12	38.51	62.48	52.47	101.39	73.66	32.33	26.79	38.16	46.88	55.31	52.33	28.18	21.63
2015	88.93	78.17	41.27	67.28	57.42	110.68	80.57	33.51	29.32	42.06	51.26	60.69	57.09	31.00	23.90
2016	99.92	87.93	45.24	73.89	66.25	122.07	91.21	38.68	33.92	47.58	58.99	69.05	64.98	35.69	28.04
2017	103.55	90.17	43.34	73.94	67.35	125.79	92.57	39.41	34.36	49.72	59.88	70.84	65.83	36.21	28.45
2018	107.93	96.67	32.86	55.95	68.49	131.03	96.10	38.06	37.37	52.65	63.52	74.72	67.24	39.42	30.64

资料来源：2009—2018 年重庆统计年鉴。

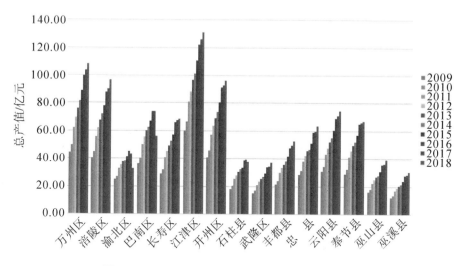

图4.1　2009—2018年三峡库区农林牧渔业总产值

②农作物播种面积。如表4.2、图4.2所示，农作物播种面积波幅较大。2018年，渝北区、巴南区、长寿区、江津区、万州区、丰都县、云阳县、巫山县、石柱县的农作物播种面积低于2009年的农作物播种面积。其中，渝北区和巴南区的波动幅度相对较大，分别较2009年降低了47.76%和34.60%。涪陵区、忠县、开州区、奉节县、巫溪县、武隆区则高于2009年的面积，巫溪县和武隆区的增幅较明显，分别上升了11.84%和13.68%。2018年，涪陵区的农作物播种面积最大，达177 310公顷；渝北区最低，仅37 710公顷。

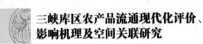

表 4.2　2009—2018 年三峡库区农作物播种面积

单位：千公顷

年份	万州区	涪陵区	渝北区	巴南区	长寿区	江津区	开州区	石柱县	武隆区	丰都县	忠县	云阳县	奉节县	巫山县	巫溪县
2009	167.96	166.19	69.52	95.87	84.35	150.41	169.35	84.55	78.85	107.74	103.10	136.27	124.67	87.34	82.37
2010	169.06	169.14	67.35	96.92	85.73	150.71	171.24	85.76	80.74	108.30	105.92	137.94	126.27	87.54	82.90
2011	172.00	173.63	58.42	95.81	87.76	151.21	173.36	88.25	83.16	109.22	106.50	128.18	130.14	90.58	88.00
2012	174.40	175.57	60.78	93.87	88.80	151.10	173.78	90.09	85.31	111.71	107.37	130.45	133.20	91.00	89.64
2013	175.57	177.78	61.79	93.48	89.93	152.01	175.11	91.15	86.26	112.53	107.99	132.53	134.82	92.19	91.18
2014	176.84	179.84	61.61	83.31	90.63	153.58	178.02	92.58	87.01	112.81	108.05	132.84	137.32	92.87	94.83
2015	178.66	180.32	60.65	88.24	91.07	154.52	181.07	90.13	88.77	112.47	109.12	133.82	139.83	94.46	97.02
2016	180.04	184.66	60.57	89.12	93.01	156.39	183.08	96.20	90.12	112.26	110.22	136.02	141.93	95.26	98.71
2017	180.01	187.87	58.30	87.63	93.61	157.08	183.66	95.44	90.61	110.10	111.10	137.63	142.85	95.22	99.45
2018	167.10	177.31	37.71	62.70	82.33	150.25	170.16	78.67	89.64	104.09	110.14	132.07	130.67	85.43	92.12

资料来源：2009—2018 重庆统计年鉴。

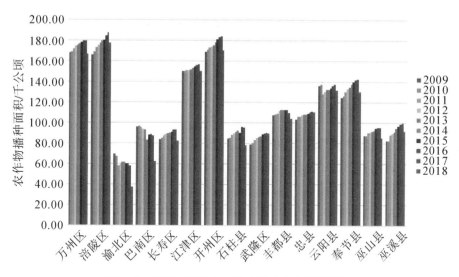

图 4.2　2009—2018 年三峡库区农作物播种面积

　　③农业内部生产结构。如表 4.3、图 4.3 所示，总体来看，三峡库区农业占农林牧渔业比重最大，2009—2018 年都在 50% 以上，2018 年更是高达 64.69%。2009 年林业占比达 5.09%，2011 年下降到 2.92%，之后又开始上升，到 2018 年占比为 5.00%。牧业占比处于波动状态，2009—2014 年牧业占比从 38.93% 持续下降至 29.76%，2015 年、2016 年两年短暂上升，然而 2017 年、2018 年又开始下滑，2018 年牧业占农林牧渔业比重为 23.71%，较 2009 年降低了 15.22%。2018 年渔业占比为 4.58%，较 2009 年上升了 1.63%。农林牧渔服务业占比最低，2009—2018 年平均占比仅为 1.66%，2018 年占比为 2.03%。

表 4.3　2009—2018 年三峡库区农业内部生产结构变化

年份	农林牧渔业总产值/亿元	农业占比/%	林业占比/%	牧业占比/%	渔业占比/%	农林牧渔服务业占比/%
2009	446.81	50.04	5.90	38.93	2.95	2.19
2010	497.75	54.06	3.67	37.14	2.94	2.20
2011	618.52	60.77	2.92	32.47	2.59	1.25
2012	685.41	61.06	3.04	31.59	3.03	1.28

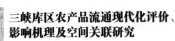
表4.3(续)

年份	农林牧渔业总产值/亿元	农业占比/%	林业占比/%	牧业占比/%	渔业占比/%	农林牧渔服务业占比/%
2013	742.89	60.95	3.19	31.14	3.39	1.33
2014	783.70	61.67	3.31	29.76	3.78	1.47
2015	853.15	60.57	3.44	30.45	3.98	1.56
2016	963.44	59.42	3.65	31.39	3.97	1.57
2017	981.42	60.68	4.20	28.98	4.42	1.72
2018	992.66	64.69	5.00	23.71	4.58	2.03

资料来源：2009—2018 重庆统计年鉴。

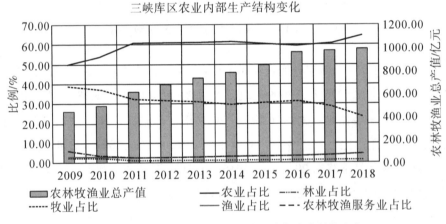

图4.3　2009—2018 年三峡库区农业内部生产结构变化

（2）三峡库区主要特色农业。特色农业是指具有独特的资源条件、明显的区域特征、特殊的产品品质和特定的消费市场的农业产业①。特色农业产业化就是将特色农业以市场为导向，满足特有消费人群，进行规模化发展的过程。2009 年，举世瞩目的三峡工程"一级开发、一次建成、分期蓄水、连续移民"的建设方案全面完成，三峡库区从此进入后续扶持时期。2009 年以前，三峡库区的农业一般以传统的粮、猪型分散经营结构为主；农产品（含特色农产品）加工滞后，农产品附加值低；品牌农业比重低，地理标志产品注册

———————————

① 2002 年 12 月 26 日农业部《关于加快西部地区特色农业发展的意见》。

多、使用少。

进入后续扶持时期，中央和重庆市出台了发展特色农业的相关政策文件，三峡库区开始发展以区域资源为基础的特色农业，也是农业供给侧结构性改革的重点方向。重庆市启动包括柑橘、生态渔业、草食牲畜、茶叶、榨菜、中药材和调味品等七个百亿元级特色产业链建设。2018 年，三峡库区有 11 个特色农产品优势区：涪陵区涪陵青菜头重庆市特色农产品优势区（国家级）、奉节县奉节脐橙重庆市特色农产品优势区（国家级）、江津区江津花椒重庆市特色农产品优势区、巫山县巫山脆李重庆市特色农产品优势区、石柱县石柱黄连重庆市特色农产品优势区、石柱县石柱莼菜重庆市特色农产品优势区、石柱县石柱辣椒重庆市特色农产品优势区、丰都县丰都肉牛重庆市特色农产品优势区、忠县忠橙柑橘重庆市特色农产品优势区、云阳县云阳柑橘重庆市特色农产品优势区、开州区开县春橙重庆市特色农产品优势区。

目前，三峡库区特色农产品首先是粮食、水果、蔬菜、油料、茶叶、猪肉等，在各地都有分布。其次是烟叶，除长寿区以外都有分布。再次是甘蔗，主要分布在渝北区、巴南区、涪陵区、长寿区、江津区、万州区、丰都县、忠县、开州区、云阳县、石柱县。年产粮食 30 万吨以上的区（县）有江津区、开州区、万州区、涪陵区、奉节县、云阳县、忠县、巴南区、丰都县、长寿区。油料年产量在 1 万吨以上的区（县）有长寿区、江津区、万州区、丰都县、忠县、开州区、云阳县、奉节县、巫山县、巫溪县、武隆区。库区畜牧业也较发达，生猪养殖主要分布在库区中部和两端，库区猪肉产量在 5 万吨以上的区（县）有开州区、江津区、万州区、云阳县、涪陵区。

以柑橘为例，三峡库区地处我国柑橘优势产业带长江中上游甜橙带核心区，是目前国内四大柑橘优势产业带之一（其他三个为浙南闽西粤东宽皮柑橘带、赣南湘南桂北脐橙带、鄂西湘西宽皮柑橘带）。重庆市 90% 以上的柑橘产量均集中在奉节县、开州区、云阳县、万州区、忠县、丰都县、涪陵区、江津区、长寿区等库区区（县）。这些区（县）是全国柑橘的主产区和优产区，在三峡库区生态保护和移民增收中占有十分重要的地位。柑橘作为库区优势特色产业，其产业链已经形成。柑橘上游产业链——柑橘育苗基地建设初具规模。上游产业链有重庆市三峡建设集团育苗中心、重庆市良繁中心、

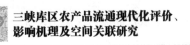
中国农业科学院柑橘研究所种苗繁育中心、江津锦程实业公司现代柑橘繁育
中心等九家高质量的容器苗繁育中心。柑橘中游产业链——柑橘加工产业链
基本形成，已逐步建立了万州区—忠县—长寿区柑橘加工产业带，柑橘龙头
企业有三峡果业集团、重庆派森百橙汁有限公司、重庆天邦果业有限公司、
美国博富文柑橘公司。柑橘下游产业链——柑橘的实体销售渠道和电商销售
渠道并存，打造"重庆柑橘"公共区域品牌，拥有 16 个柑橘类地理标志产
品，以名气最响亮的奉节脐橙领头，由奉节县、巫山县、云阳县、开州区的
脐橙统一使用该品牌；万州血橙统领开州区、云阳县、忠县的血橙品牌；以
开州春橙为统率发展开州宽皮橘。

4.1.1.2 经济发展及城镇化水平

随着农业产业化、现代化水平的提高，三峡库区经济发展水平也不断提
高。2018 年，三峡库区地区生产总值为 8 078.55 亿元，人均 GDP 为 53 688.4
元，消费水平不断提高。但是，三峡库区农村面积广、农业人口多，截至
2019 年年底，库区乡村从业人口为 598.23 万人，城镇化水平（除重庆市主城
区外）为 51.03%，与 2018 年全国城镇化水平 59.58%相比还有一定差距。城
镇化水平对农村的辐射和带动作用有重要影响。

如表 4.4、图 4.4 所示，2009—2018 年，三峡库区所有区（县）的城镇
化率呈持续上升趋势，库区城镇化水平持续增高。但是，三峡库区内部差异
较大，2018 年，渝北区城镇化率最高，达 82.8%；巫溪县城镇化率最低，仅
36.69%。总体来看，位于重庆市主城区的渝北区、巴南区的城镇化水平远远
高于其他区（县），而开州区、石柱县、武隆区、丰都县、忠县、云阳县、奉
节县、巫山县、巫溪县的城镇化水平则较低。

单位：%

表 4.4　2009—2018 年三峡库区城镇化率

年份	万州区	涪陵区	渝北区	巴南区	长寿区	江津区	开州区	石柱县	武隆区	丰都县	忠县	云阳县	奉节县	巫山县	巫溪县
2009	52.85	55.74	69.07	71.4	50.55	55.63	33.6	24.66	31.57	30.11	30.4	29.95	29.78	27.14	21.65
2010	55	55.8	73.3	72.9	53	55.7	35.9	32.3	33	34.5	32.9	32.2	32.3	30	25.4
2011	56.76	57.56	75.12	74.55	55	57.37	37.51	33.96	34.55	36.14	34.54	33.78	33.89	31.58	26.91
2012	58.49	59.28	76.95	76.14	56.96	59.09	39.26	35.72	36.17	37.91	36.3	35.53	35.65	33.33	28.65
2013	59.76	60.68	78.06	77.14	58.37	60.49	40.69	36.98	37.41	39.24	37.54	36.78	36.89	34.57	29.89
2014	61.11	62.18	78.74	77.59	59.94	61.99	42.14	38.36	38.7	40.66	38.89	38.18	38.2	35.84	31.3
2015	62.36	63.78	79.46	78.28	61.62	63.71	43.42	39.59	39.86	41.94	40.14	39.45	39.44	37.01	32.58
2016	63.79	65.45	80.24	79.08	63.32	65.46	44.76	40.9	41.13	43.31	41.59	40.81	40.82	38.35	33.83
2017	65.45	67.18	81.53	80.38	64.4	66.57	46.38	42.46	42.68	44.94	43.21	42.3	42.36	39.9	35.3
2018	66.88	68.72	82.8	81.67	66.07	68.43	47.97	43.94	44.17	46.48	44.79	43.85	44.02	41.41	36.69

资料来源：2009—2018 重庆统计年鉴。

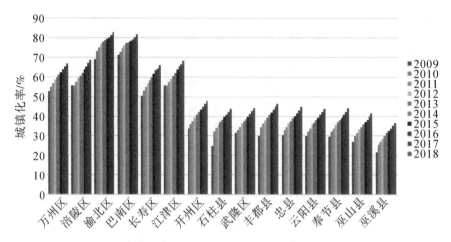

图 4.4　2009—2018 年三峡库区城镇化率

4.1.1.3　农业生产组织情况[①]

农产品生产与流通组织主要涉及农民专业合作社、合作社联合体、农产品相关龙头企业等[81]（田野、赵晓飞，2012）。近年来，三峡库区农产品生产组织情况得到了良好发展。以万州区为例，2018 年其拥有市级以上农业产业化龙头企业 41 家，区级农业产业化龙头企业 176 家；农民专业合作社 1 272 个，全区农民专业合作社的年销售额达到 18.82 亿元，农户参合率达42.55%；家庭农场有 1 019 户，其中拥有注册商标的家庭农场有 70 户。

（1）家庭农场。2018 年，石柱县的家庭农场数最多，高达 1 019 个；武隆区最少，仅有 78 个。位于重庆市主城区的渝北区、巴南区分别拥有 217 个、283 个家庭农场，大大低于各区（县）的平均值。其原因是，渝北区和巴南区早已开始进行产业转型，发展的重心已经脱离了农业，因此家庭农场数偏低。

（2）农民专业合作社。2018 年，奉节县农民专业合作社的数量最多，达3 037 个；渝北区最少，仅有 320 个。其中，渝北区、巴南区、长寿区、忠县的农民专业合作社数量大大低于三峡库区的平均水平，分别为 320 个、574个、549 个、693 个；开州区、丰都县、云阳县、奉节县、巫山县的农民专业

---

① 家庭农场、农民专业合作社、农业龙头企业数据来自重庆市农业委员会《重庆市农村经营管理情况统计年报》（2018 年）。

合作社数量分别是 1 709 个、1 661 个、1 597 个、3 037 个、1 539 个，大大高于三峡库区的平均水平，尤其是奉节县断层式地高于三峡库区的平均水平近 2 倍；万州区、涪陵区、江津区、石柱县、武隆区、巫溪县位于三峡库区的平均水平线上，分别是 1 272 个、953 个、894 个、933 个、1 024 个、947 个。

（3）农业龙头企业。2018 年，万州区市级农业龙头企业数量最多，有 41 个；巫溪县最少，仅有 11 个。三峡库区各区（县）间差异较大，其中万州区、涪陵区、开州区、云阳县的市级农业龙头企业数量分别是 44 个、32 个、37 个、30 个，大大高于三峡库区的其他区（县）；渝北区、武隆区、丰都县、奉节县、巫山县、巫溪县的市级农业龙头企业数分别是 18 个、17 个、17 个、19 个、16 个、11 个，低于三峡库区的平均水平；巴南区、长寿区、江津区、石柱县、忠县的市级农业龙头企业数量分别是 23 个、20 个、26 个、21 个、25 个，处于三峡库区的平均线上。

4.1.2 三峡库区农产品流通现状

4.1.2.1　农产品流通规模①

三峡库区农产品的种类丰富，耕地面积广，粮食作物、果蔬、油料等经济作物产量丰富，茶叶、榨菜、中药材、肉牛、肉羊等特色农产品以及特色水产品量大质优。

农业商品产值是以货币表现的一年内农业生产单位出售农产品的总量。它反映农业商品生产的规模和农业对国民经济的负担能力，是研究农民货币收入的依据。如表 4.5 所示，2009—2018 年三峡库区各区（县）农业商品产值都呈稳步上升趋势，表明三峡库区的农产品流通规模在不断扩大。其中，2018 年，农产品流通规模最大的是地处重庆市"一小时经济圈"的江津区，农业商品产值高达 1 130 644 万元，而位于渝东北的巫溪县的农业商品产值最低，仅为 183 066 万元，差距较大。

---

① 数据来自 2005 年、2010 年、2018 年三峡库区各区（县）统计年鉴及统计公报。

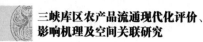

表4.5 2009—2018年三峡库区农业商品产值

单位：万元

年份	万州区	涪陵区	渝北区	巴南区	长寿区	江津区	开州区	石柱县	武隆区	丰都县	忠县	云阳县	奉节县	巫山县	巫溪县
2009	263 043	252 710	135 595	217 043	173 004	425 422	226 548	103 630	68 159	122 366	182 711	163 612	161 984	64 793	50 571
2010	295 565	283 379	143 907	242 459	192 967	472 838	259 454	119 144	77 913	138 181	205 329	184 047	181 314	71 554	57 706
2011	375 768	358 827	155 792	310 695	248 480	584 186	333 803	145 606	102 711	176 982	251 738	230 847	23 160	90 639	76 583
2012	429 301	401 827	166 505	352 337	278 930	649 315	377 583	162 858	119 479	202 326	276 505	262 213	258 348	101 962	86 032
2013	475 288	439 927	181 117	381 446	304 960	712 477	416 369	177 858	128 928	220 469	300 179	289 002	280 729	113 486	95 252
2014	517 349	473 580	205 838	400 584	327 097	758 081	448 081	190 726	141 462	235 517	307 913	312 870	299 338	126 721	101 447
2015	576 122	522 087	228 075	436 112	360 908	835 738	503 672	199 578	159 485	264 726	345 268	354 440	335 935	145 658	115 035
2016	659 413	597 050	261 933	481 199	422 732	925 812	574 814	234 356	187 250	306 019	398 641	415 556	390 150	173 033	136 247
2017	744 543	670 487	295 526	527 418	480 794	1 023 115	651 063	260 217	215 478	348 862	453 634	478 991	445 493	202 215	157 931
2018	840 663	752 957	333 427	578 077	546 831	1 130 644	737 427	288 932	247 961	397 703	516 213	552 109	508 686	236 319	183 066

注：数据来自各年各区（县）统计年鉴与统计公报。

人均农业商品产值是指人均批发业、零售业和物流业产值的总和，能够反映一个地区农产品流通业的规模，也可以比较客观地反映农产品流通的发展情况。从人均农业商品产值来看，2005 年以来三峡库区各区（县）都呈现逐步上升的趋势。2018 年，江津区的人均农业商品产值最高，达 0.67 万元；位于重庆市主城区的渝北区最低，为 0.16 万元。从增速看，巫溪县的增速最快，2018 年的人均农业商品产值相比于 2005 年增长了 3.6 倍；渝北区的增速最慢，仅有 59%。

4.1.2.2 农产品流通效率

农产品流通效率是对农产品流通发展绩效最好的衡量指标[126]（龚梦、祁春节，2012）。农产品流通效率的测度是构建现代化农产品流通体系的基础。

首先，根据重庆市社科规划项目"三峡库区农产品流通体系研究"课题组的研究，2008—2016 年三峡库区农产品流通效率值①见表 4.6。

表 4.6　2008—2016 年三峡库区农产品流通效率值

年份	F1	F2	F
2008	16. 141 522 17	−0. 287 286 525	10. 399 653 53
2009	16. 153 306 62	−0. 401 631 126	10. 367 355 88
2010	16. 483 238 24	−0. 420 812 619	10. 575 272 47
2011	16. 557 296 39	−0. 507 120 541	10. 593 282 67
2012	16. 755 793 16	−0. 466 100 043	10. 736 741 49
2013	17. 188 732 76	−0. 559 468 663	10. 985 736 36
2014	17. 413 146 17	−0. 562 269 848	11. 130 738 27
2015	17. 804 969 18	−0. 590 348 306	11. 375 805 72
2016	18. 23 496 39	−0. 593 059 018	11. 654 569 89

注：F1、F2 为特征根大于 1 的因子，F 为流通效率值。

如表 4.6、图 4.5 所示，三峡库区农产品流通效率值整体处于上升趋势，仅在 2008 年有所下降，在 2010 年增速放缓但一直处于上升趋势。三峡库区农产品流通效率值逐年稳定增长。

---

① 曾庆均、曾蓼等"三峡库区农产品流通体系研究"，重庆市社科规划项目（2018 年结项）研究成果。

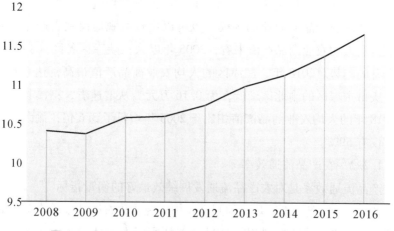

图 4.5   2008—2016 年三峡库区农产品流通效率整体趋势

其次，农业商品率能够体现一个地区的农产品流通效率。由于从 2016 年开始重庆市统计局不再统计农产品商品率，因此 2005 年、2010 年的农业商品率从《重庆统计年鉴》得到，2018 年的农业商品率则通过 2018 年三峡库区各区（县）统计公报中的农产品交易量和农产品总量相除得到。

农业商品率主要反映了农业生产转化为商品的强度。农业商品率越高，农产品的流通强度越大。农业商品率是衡量农产品流通现代化的一个重要指标。如表 4.7 所示，2005 年、2010 年、2018 年三个重要时间节点三峡库区各区（县）农业商品率都呈现逐步上升的趋势。这表明，库区农产品流通现代化的程度越来越高。2018 年，江津区农业商品率最高，为 76.44%；巫山县最低，为 49.28。从增长幅度来看，武隆区增幅最高，2018 年相比于 2009 年增长了 31.98%；忠县增幅最低，为 10.24%。8 个重点库区间差异总体来看不大，仅巫山县远低于平均值。

表 4.7   2005 年、2010 年、2018 年三峡库区农业商品率　　　　单位:%

年份	2005 年农业商品率	2010 年农业商品率	2018 年农业商品率
万州区	59.00	59.70	67.07
涪陵区	60.00	63.00	69.16
渝北区	48.00	53.00	60.20
巴南区	58.00	60.10	66.76
长寿区	57.40	60.50	65.01

表4.7(续)

年份	2005 年农业商品率	2010 年农业商品率	2018 年农业商品率
江津区	67.60	70.90	76.44
开州区	55.00	56.70	63.84
石柱县	52.40	58.20	61.07
武隆区	42.00	45.90	55.43
丰都县	57.00	57.40	65.01
忠　县	62.00	65.10	68.35
云阳县	47.90	53.30	61.39
奉节县	52.10	56.00	61.03
巫山县	42.90	40.10	49.28
巫溪县	38.90	42.40	49.31

数据来源于 2005 年、2010 年、2018 年三峡库区各区（县）统计年鉴及统计公报。

最后，农产品周转率也能很好地诠释农产品流通效率。笔者根据对三峡库区 15 个区（县）的实地调研，从 788 份有效问卷中得出了 2018 年三峡库区农产品周转率（见图 4.6）。

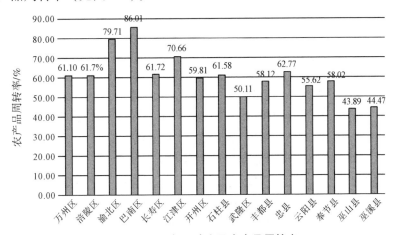

图 4.6　2018 年三峡库区农产品周转率

从图 4.6① 可以看出，2018 年，巴南区的农产品周转率最高，达86.01%；巫山县最低，仅为 43.89%。渝北区、巴南区、江津区的农产品周转率都超过 70%，分别为 86.01%、79.71%、70.66%，说明这三个区（县）

---

① 数据来自 2005 年、2010 年、2018 年三峡库区各区（县）统计年鉴及统计公报。

的农产品周转率情况较好。万州区、涪陵区、长寿区、石柱县、忠县的农产品周转率在 60% 左右，分别是 61.10%、61.76%、61.72%、61.58%、62.77%，这五个区（县）的农产品周转率情况良好。开州区、武隆区、丰都县、云阳县、奉节县的农产品周转率在 50% 左右，分别是 59.81%、50.11%、58.12%、55.62%、58.02%，这五个区（县）的农产品周转率情况尚可。巫山县、巫溪县的农产品周转率较低，分别是 43.89%、44.47%。

4.1.2.3　新型农业主体经营情况

后续扶持时期，三峡库区农业经过 10 余年的发展，取得了长足进步。三峡库区培育了一批农业龙头企业，建立了一批农产品生产基地和专业批发市场。农民合作经济组织发展较为成熟，农业一体化经营取得了良好效益。三峡库区形成了"公司+基地+农户"等多种农业产业化组织模式，农业产业化龙头企业与基地和农户间形成了"利益共享，风险共担"的利益联结机制，企业在资金、技术、市场、产品质量等各方面为基地和农户提供帮助。

（1）三峡库区家庭农场年销售额占地区农产品销售额的比重。三峡库区家庭农场年销售额占地区农产品销售额的比重地区间差异较大。2018 年，巫山县家庭农场年销售额占地区农产品销售额的比重最高，为 8.83%；渝北区最低，仅有 1.66%。渝北区、巴南区、江津区、开州区、武隆区家庭农场年销售额占比分别为 1.66%、2.08%、2.75%、2.55%、1.97%，大大低于三峡库区的平均水平；万州区、涪陵区、长寿区、丰都县、奉节县、巫山县、巫溪县家庭农场年销售额占地区农产品销售额的比重分别为 6.38%、7.08%、6.99%、6.05%、7.34%、8.83%、6.02%，大大高于三峡库区的平均水平；石柱县、忠县、云阳县家庭农场年销售额占地区农产品销售额的比重分别为 5.96%、4.96%、4.21%，处于三峡库区的平均水平。

（2）三峡库区农民专业合作社年销售额占地区农产品销售额的比重。三峡库区农民专业合作社年销售额占地区农产品销售额的比重地区间差异较大。2018 年，万州区农民专业合作社年销售额占地区农产品销售额的比重最高，达 28.53%；江津区最低，仅有 4.31%；万州区、涪陵区、奉节县的农民专业合作社年销售额占地区农产品销售额的比重分别是 28.53%、20.65%、25.41%，远远高出三峡库区其他区（县），尤其是万州区和奉节县的农民专业合作社年销售额占三峡库区农产品销售额的比重几乎是三峡库区平均水平的两倍；江津区、开州区的农民专业合作社年销售额占三峡库区农产品销售额的比重分别是 4.31%、5.52%，仅是三峡库区平均水平的 1/3；渝北区、巴南区、长寿区、石柱县、武隆区、丰都县、忠县、云阳县、巫山县、巫溪县的农民专业合作社年销售额占地区农产品销售额的比重分别是 9.23%、10.15%、9.18%、16.43%、16.55%、13.20%、18.70%、12.71%、16.95%、8.58%，位于三峡库区的平均水平线上。

（3）三峡库区市级农业龙头企业数占重庆市农业龙头企业数的比重。2018 年，万州区市级龙头企业数占重庆市农业龙头企业数的比重最高，达5.37%；巫溪县市级农业龙头企业数占重庆市农业龙头企业数的比重最低，仅为1.44%。从三峡库区市级农业龙头企业数占重庆市农业龙头企业数的比重来看，万州区、涪陵区、开州区高于三峡库区的平均水平，分别是 5.37%、4.19%、4.84%；渝北区、长寿区、石柱县、武隆区、丰都县、奉节县、巫山县、巫溪县低于三峡库区的平均水平，分别是 2.36%、2.62%、2.75%、2.23%、2.23%、2.49%、2.09%、1.44%；巴南区、江津区、忠县、云阳县处于三峡库区的平均水平线上，分别是 3.01%、3.40%、3.27%、3.93%。

4.1.3　三峡库区农产品流通保障条件

4.1.3.1　交通体系建设

重庆市自成为直辖市以来，三峡库区交通快速发展，一批重大对外交通项目相继建成，空、铁、水、公立体综合交通体系基本形成，以万州区为节点的区域性综合交通枢纽地位进一步巩固提升，已能满足三峡库区农产品流通的基本需求。

农产品流通基础设施的完善为农产品流通现代化的发展提供了基本保障。流通里程强度是考察农产品流通基础设施的重要内容。具体考量方法如下：三峡库区各区（县）公路总长度/三峡库区各区（县）土地面积。从三峡库区流通里程强度来看（见表 4.8、图 4.7），2009—2018 年，三峡库区各区（县）几乎都呈稳步上升趋势，但其中奉节县 2015—2017 年呈下降趋势，2018 年，又开始缓慢上升。2018 年，巫溪县相比于 2009 年流通里程强度增长了 1.26 倍，而开州区和云阳县自 2019 年以来增速基本保持不变。2018 年，长寿区流通里程强度最高，为 2.51；武隆区流通里程强度最低，仅为 1.65。其中，位于三峡库区腹地的奉节县、巫山县、巫溪县流通里程强度相对于其他区（县）大大偏低，其根本原因在于奉节县、巫山县于 2010 年才建成高速公路并通车，而巫溪县更是在 2013 年才建成高速公路并通车。

表 4.8 2009—2018 年三峡库区流通里程强度

年份	万州区	涪陵区	渝北区	巴南区	长寿区	江津区	开州区	石柱县	武隆区	丰都县	忠县	云阳县	奉节县	巫山县	巫溪县
2009	1.39	1.27	1.67	1.45	1.83	1.27	2.09	1.00	1.23	1.34	1.73	1.78	1.82	1.22	0.78
2010	1.52	1.48	1.53	1.45	2.15	1.28	2.10	1.01	1.28	1.41	1.73	1.89	1.89	1.49	0.88
2011	1.69	1.49	1.70	1.44	2.22	1.28	2.10	1.05	1.28	1.45	1.75	1.89	1.89	1.52	0.89
2012	1.69	1.55	1.70	1.46	2.24	1.29	2.10	1.08	1.28	1.49	2.02	1.89	1.89	1.53	0.89
2013	1.69	1.60	1.72	1.51	2.26	1.29	2.10	1.09	1.31	1.56	2.06	1.89	1.89	1.53	0.90
2014	1.69	1.67	1.80	1.55	2.30	1.33	2.11	1.13	1.35	1.63	2.14	1.90	1.94	1.61	0.97
2015	1.87	1.81	1.70	1.82	2.42	1.61	1.99	1.54	1.52	1.91	2.05	1.81	1.64	1.63	1.28
2016	1.89	1.84	1.84	1.83	2.42	1.65	1.99	1.58	1.58	1.95	2.11	1.81	1.64	1.64	1.32
2017	1.94	1.87	2.03	1.86	2.43	1.69	1.99	1.60	1.59	2.10	2.20	1.81	1.64	1.68	1.47
2018	1.99	2.02	2.05	1.91	2.51	1.82	2.02	1.69	1.65	2.24	2.22	1.82	1.66	1.69	1.76

资料来源：2009—2018 年重庆统计年鉴。

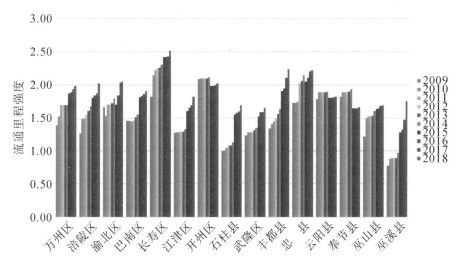

图 4.7　2009—2018 年三峡库区流通里程强度

4.1.3.2　农产品流通基础设施

农产品流通基础设施应属农村基础设施建设范畴。2009 年以后，三峡库区农产品流通基础设施，包括道路、市场、仓储、物流（含冷链）、通信网络、供水、供电等公共基础设施和准公共基础设施有了较大改善。本书以农产品市场为例。

三峡库区推进农产品市场建设，基本构建了大型农产品批发市场、区（县）农产品市场、乡镇农贸市场和城区菜市场三级农产品市场体系，2010 年还实现了乡镇农贸市场的全覆盖。三峡库区以此搞活农产品流通，激活和培育市场主体，促进农村经济发展，满足市民供给与消费需求。

三峡库区农产品市场分为综合市场、专业市场、城区菜市场和乡镇农贸市场（见表 4.9、图 4.8）。

（1）综合市场。2018 年，三峡库区综合市场共有 9 个，包括江津区的双福国际农贸城、白沙综合交易市场，万州区的钟鼓楼市场、瑞池草食牲畜交易市场、宏远市场，涪陵区的新大兴农副产品交易中心，云阳县的渝东北农产品综合交易市场，巫溪县的农产品批发市场，奉节县的白帝市场。其中，双福国际农贸城是重庆市和三峡库区最大的综合性一级农产品批发市场，占地为 2 455 亩，主要布局蔬菜、水果、冷链等八大业态。

（2）专业市场。2018 年，三峡库区专业市场共有 21 个，其中巴南区的重庆花木世界专业市场以 20 万平方米的经营面积排在第一位。

（3）城区菜市场。2018 年，三峡库区城区菜市场共有 336 个，其中经营面积居首位的是江津区的小官山菜市场，面积有 3 万平方米；交易额居首位的是江津区的红卫巷菜市场，交易额达 7.5 亿元。

（4）乡镇农贸市场。2018 年，三峡库区乡镇农贸市场共有 511 个，其中经营面积居首位的是万州区的分水老林沟农贸市场，面积有 4.29 万平方米；交易额居首位的是长寿区的葛兰镇农贸市场，交易额达 3.7 亿元。

表 4.9　2018 年三峡库区农产品市场区域分布　　　单位：个

区县	综合市场	专业市场	城区菜市场	乡镇农贸市场	合计
万州区	3	4	55	52	114
涪陵区	1	0	44	36	81
渝北区	0	10	38	32	80
巴南区	0	1	34	41	76
长寿区	0	0	22	14	36
江津区	2	2	28	60	92
开州区	0	0	16	48	64
石柱县	0	1	13	30	44
武隆区	0	0	6	26	32
丰都县	0	2	6	28	36
忠　县	0	1	13	28	42
云阳县	1	0	23	47	71
奉节县	1	0	19	31	51
巫山县	0	0	12	15	27
巫溪县	1	0	7	23	31

资料来源：根据《重庆市商品交易市场蓝皮书（2015）》和三峡库区各区（县）商务局提供的数据整理而成。

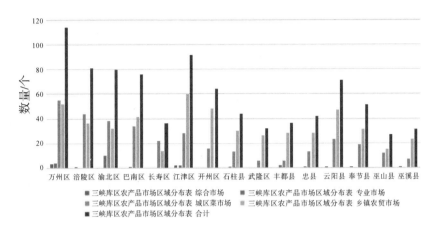

图 4.8　2018 年三峡库区城区农产品市场区域分布

4.2　三峡库区农产品流通现代化指标体系构建

根据第 3 章对三峡库区农产品流通现代化的理论模型分析，本书提出三峡库区农产品流通现代化主要包括三峡库区农产品流通发展状态现代化、三峡库区农产品流通主体能力现代化和三峡库区农产品流通体制现代化三个方面。本章从这三个方面出发并结合前人对农产品流通现代化评价研究对三峡库区农产品流通现代化指标体系进行构建。

4.2.1　农产品流通现代化指标体系研究现状

在农产品流通现代化的评价指标体系构建方面，学者们根据相关研究以及自己的研究视角，提出关于农产品流通现代化的不同指标体系，并在指标体系构建的思路和方法上提供了可供借鉴之处。

宋则和张弘（2003）较早开始了对流通现代化评价的研究，主要通过专家调查法，提出了包含 11 个系统、50 个一级指标和 30 个二级指标的体系框架。这些指标从多角度、多层次来测定中国流通现代化发展的整体水平，在流通现代化评价与实证研究方面做了极有意义的探索[12]。李飞（2003）、李飞和刘明葳（2005）认为，商品流通现代化包括物质现代化、制度现代化和观念现代化三个层面，他们利用专家德尔菲法和主成分分析法确定了 16 个小类指标的权重，并参考了国际现代化的经验和国内流通业优秀值，提出了 16 个小类指标的现代化标准值[53][54]。张江华和朱道立（2006）参考宋则和张弘的指标体系，利用相关性统计检验方法，建立了包括农村流通总量规模、经济效益、流通效率、农村流通环境、农村流通组织、农村商品流通现代化发展水平、对农村经济的贡献等七个一级指标和包括从农村流通总产值到农民增收贡献率的 20 个二级指标的指标体系[65]。

2010 年以后，学者们参考了前人的经验，对农产品流通现代化评价指标进行了一定的改善，如涂洪波（2012）从商流、物流、资金流、信息流四个方面，构建了涵盖人均农产品流通业总产值、农产品商品化率等 23 个指标的农产品流通现代化评价理论指标集[66]。王伟新和祁春节（2013）从农产品流通规模、农产品流通效率、农产品流通贡献、农产品流通信息化、农产品流通市场化、农产品流通组织化、公平和法治观念等八个层面以及 23 项个体指标，运用综合评价法和熵权法对农产品流通现代化发展水平进行了测算[68]。王蒙燕（2015）建立了农产品流通的规模及效率、农产品流通经营现代化水平、农产品流通技术现代化水平和农产品流通体制现代化水平四个要素层，涵盖农产品流通业投入产出比等 11 个指标层的评价体系[188]。周丹等（2016）以我国重要农产品为研究对象，结合我国重要农产品的特点，从农产品流通基础能力现代化、农产品流通发展状态现代化和农产品流通功能现代化三个方面，选取人力、技术、设施、效益结构、效率、经济和社会等八个一级指标，人员素质、信息化水平等 16 个二级指标，构建了我国重要农产品现代化的评价指标体系[72]。

通过对农产品流通现代化指标体系构建的文献回顾和一些学者的指标体系构建的分析（见表 4.10），笔者发现，针对农产品流通现代化评价指标的构建，大多数学者是从农产品的流通规模、农产品的流通设施与技术水平等方面进行构建的，此类指标多为一些传统的宏观指标，如组织化与经营水平等指标大多数使用一些代理变量，无法准确地对变量进行考量，在一定程度上存在时效性和片面性等问题，并且没有学者对农产品流通体制进行考虑。因此，本书借鉴了前人一些二级指标与三级指标，从农产品流通发展状态现代化、农产品流通主体能力现代化和农产品流通体制现代化三个方面进行指标体系构建。

表 4.10 主要学者对农产品流通现代化评价的指标构建

评价内容	一级指标	文献来源
流通总规模、对国民经济的贡献、流通效率、流通环境、流通效益、流通组织化程度、流通结构、流通人才素质、流通信息化水平、流通方式、流通资本	流通总产值、流通从业人员、流通资本规模、流通业固定资产投资总额、流通利润总额、物流总规模、期货市场交易总量等	宋则、张弘（2003）[12]2-3
商品流通物质现代化、商品流通制度现代化、商品流通观念现代化	商品流通规模、商品流通贡献、商品流通效率、商品流通非国有化程度、商品流通市场化程度、商品流通组织创新、商品流通公平观念、商品流通诚信观念	李飞（2023）[53]、刘明葳（2005）[54]
农产品流通规模与效益水平、农产品流通组织与经营方式现代化、农产品流通设施与技术现代化和农产品流通体制现代化	人均农产品流通业总产值、农产品商品化率等 23 个指标	李崇光、赵晓飞、孙剑（2016）[71]、涂洪波（2012）[66]
农产品流通规模、农产品流通效率、农产品流通贡献、农产品流通信息化、农产品流通市场化、农产品流通组织化、公平和法治观念	农产品批零业资本规模、人均流通业总产值、农产品批零业集中化程度等 23 个指标	王伟新和祁春节（2012）[68]
农产品流通基础能力现代化、农产品流通发展状态现代化和农产品流通功能现代化	人力、技术、设施、效益结构、效率、经济和社会等 8 个指标	周丹等（2016）[72]

4.2.2 农产品流通现代化评价指标体系构建原则

本书认为，设计三峡库区农产品流通现代化评价指标体系应包括以下原则：

第一，科学性原则。选取的指标不仅能够综合反映三峡库区农产品流通现代化水平，还应考虑指标之间具有内在联系，全面、系统地反映三峡库区农产品流通现代化的发展。指标设计要体现其动态变化，要随着衡量对象属性的变化不断调整，从而改进和充实指标体系；在确定单个指标时要考虑指标的名称、含义和口径范围，能够真实、可靠、准确地反映特定研究对象。

第二，规范性和系统性原则。农产品流通现代化作为一个整体系统，指标的选取应能够反映三峡库区农产品现代化发展本质特征，同时注意指标之间、指标内部一级指标和二级指标之间的相互衔接和补充关系。

第三，动态性和可比较原则。选取的指标应能够体现历史延续性，反映时代特征，对未来的农产品流通体系建设发展具有引导性作用，能够引导农产品流通健康发展。选取的指标既要反映三峡库区的实际情况，还应具有可比较性，适用于与三峡库区区情类似的地区。

第四，可操作原则。指标体系设计的目的在于应用，应该既可以对农产品流通现代化现状进行评估，又可以对农产品流通体系建设提供指导。因此，指标的选取要注重针对性和可操作性，明确该指标的时空特点，尽量选取概念清晰、数据易得、计算简便的指标，这样才能够达到应用的目的。

4.2.3　农产品流通现代化评价指标框架与评价指标选择

4.2.3.1　评价指标框架

根据前文提出的农产品流通现代化的内涵，三峡库区农产品流通现代化评价应符合商流、物流、资金流和信息流的科学内涵，遵循统一开放、竞争有序、安全高效、功能完善、城乡一体的三峡库区流通体系建设原则，并参考借鉴了涂洪波（2012、2013），李崇光、赵晓飞、孙剑（2016），王伟新、祁春节（2013）以及周丹等（2016）等学者对农产品现代化指标的界定，同时考虑三峡库区农产品流通的实际情况以及数据的可得性，本书从三峡库区农产品流通发展状态现代化、三峡库区农产品流通主体能力现代化和三峡库区农产品流通体制现代化三个方面，选取农产品流通规模、农产品流通效率、农产品流通基础设施等10个二级指标，人均农产品流通业总产值、农产品批零业集中度等37个三级指标，构建三峡库区农产品流通现代化评价指标框架（见表4.11）。

表 4.11 三峡库区农产品流通现代化评价指标框架

一级指标	二级指标		三级指标
农产品流通发展状态现代化	农产品流通规模		人均农产品流通业总产值
			农产品批零业集中度
	农产品流通效率		农产品周转率
			农产品商品化率
	农产品基础设施		农村固定资产投资力度
			流通里程强度
农产品流通主体能力现代化	人力资本	种养大户家庭农场	农民文化程度
			接受农技培训的频率
		农民专业合作社	从业人员文化程度
			从业人员的专业培训经历
		农业龙头企业	企业员工文化程度
			企业组织员工进行培训的频率
	技术水平	种养大户家庭农场	农业机械化水平
		农民专业合作社	开展电子商务的合作社的比重
			具有冷链仓储能力的合作社占总合作社数量的比重
		农业龙头企业	技术人员占员工总数的比重
			通过冷链配送的销售额占总销售额的比重
	效益水平	种养大户家庭农场	年销售额占地区农产品销售额的比重
		农民专业合作社	年销售额占地区农产品销售额的比重
		农业龙头企业	年销售额占地区农产品销售额的比重
	组织化与经营水平	种养大户	参与农民专业合作社的农户数占总农户数的比重
		家庭农场	参与农民专业合作社的家庭农场数占总家庭农场数的比重
			拥有注册商标的家庭农场数占总家庭农场数的比重
		农民专业合作社	拥有注册商标的合作社数占总合作社数的比重
			开展休闲农业和乡村旅游合作社数占总合作社数的比重
		农业龙头企业	线下连锁经营的年销售额占总销售额的比重
			线上电子商务的年销售额占总销售额的比重

表4.11(续)

一级指标	二级指标	三级指标
农产品流通体制现代化	市场化程度	流通渠道畅通性
		市场信息化程度
	监管水平	市场监管
		产品认证
		品牌保护
	政策保障	资金政策
		土地政策
		培训政策
		雇工政策
		保险政策

（1）三峡库区农产品流通发展状态现代化。农产品流通发展状态现代化主要反映了农产品流通对库区经济的贡献程度和效率水平以及当前支撑农业流通业发展的基础设施情况。本书使用农产品流通规模、农产品流通效率以及农产品流通基础设施来反映。其中，农产品流通规模可以用人均农产品流通业总产值、农产品批零业集中度来衡量；农产品流通效率可用农产品周转率、农产品商品化率来衡量；农产品流通基础设施主要利用流通里程强度和农村固定资产投资力度来衡量。

（2）三峡库区农产品流通主体能力现代化。流通主体主要包括种养大户、家庭农场、农民专业合作社和农业龙头企业。农产品流通主体能力是农产品流通现代化的现实支撑，主要包括流通主体的人力资本、技术水平、效益水平、组织化与经营水平四个方面。其中，人力资本主要涉及流通主体的素质、受教育水平、培训经历等。技术水平主要包括流通主体的互联网技术使用、冷链物流技术的运用等。效益水平主要是流通主体对地区农产品流通带来的效益，如家庭农场的年销售额占地区农产品销售额的比重、农民专业合作社的年销售额占地区农产品销售额的比重、农业龙头企业的年销售额占地区农产品销售额的比重。组织化与经营水平主要是考察流通主体的组织化变革程度，包括农户和家庭农场的农民专业合作社参与情况、家庭农场的品牌注册情况、农民专业合作社的电子商务发展情况以及产业融合情况、农业龙头企业的线上销售和线下连锁经营情况。

（3）三峡库区农产品流通体制现代化。农产品流通业的良性发展离不开外部环境的影响与制约。农产品流通体制现代化主要反映了影响农产品流通的外部因素和条件，这些因素在无形中决定了农产品流通现代化的发展，主要包括农产品流通的市场化程度、监管水平和政策保障。其中，市场化程度主要用流通渠道畅通性和市场信息化程度来衡量；监管水平主要用市场监管、产品认证和品牌保护来衡量；政策保障主要用资金政策、土地政策、雇工政策、保险政策来衡量。

4.2.3.2　评价指标的实证遴选

评价指标的选取要遵循科学性、规范性和系统性原则、动态性和可比较原则以及可操作原则，同时要考虑数据的可得性以及三峡库区的实际情况。由于三峡库区是一个独特的地理区域，宏观数据的获取较困难，因此本书对三级指标的具体衡量采用宏观数据与微观调研数据相结合的方式，既能把握农产品流通现代化在宏观经济中的重要作用，又能更好地衡量三峡库区农产品流通现代化的特性。

（1）人均农产品流通业总产值。人均商品流通业总产值是批发业、零售业和物流业产值的总和除以常住居民人数所得，能够反映一个地区流通业的规模大小，也可以比较客观地反映商品流通的发展情况，便于地区间的比较。人均农产品流通业总产值的具体衡量如下：限额以上农产品批零企业销售额/居民人数。数据来自 2018 年《重庆统计年鉴》及三峡库区各区（县）统计公报。

（2）农产品批零业集中度。农产品批零业集中度主要反映的是某一种行业或现象的集中程度，在一定程度上可以反映规模效应。通过观察农产品批零业的集中度，我们可以有效判别农产品流通在整个流通行业的集中程度。农产品批零业集中度的具体衡量方法如下：限额以上农产品批零企业销售额/限额以上批零企业销售额，数据来自 2018 年《重庆统计年鉴》及三峡库区各区（县）统计公报。

（3）农产品周转率。农产品周转率是一个重要的流通效率类指标，反映了一定时期（通常为一年）一定数额的商品价值流通循环的次数，在一定程度上反映了农产品流通的速度。农产品周转率会随着流通业现代化的发展而明显变化。农产品周转率的具体衡量方法如下：农产品交易额/农业生产总值。数据来自 2018 年《重庆统计年鉴》及三峡库区各区（县）统计公报。

（4）农产品商品化率。农产品商品化率主要反映了农业生产转化为商品的强度。农产品商品化率越高农产品的流通强度越大。农产品商品化率是农产品流通现代化的重要指标。农产品商品化率的具体衡量方法如下：农产品交易量/农产品总量。数据来自2018年《重庆统计年鉴》及各区（县）统计公报。

（5）农村固定资产投资力度。农村固定资产投资力度是考察农产品流通基础设施的重要指标。基础设施的完善为农产品流通现代化的发展提供了基本保障。农村固定资产投资力度的具体考量方法如下：三峡库区各区（县）农村固定投资额/三峡库区各区（县）全社会固定资产投资额。数据来自2018年《重庆统计年鉴》及三峡库区各区（县）统计公报。

（6）流通里程强度。流通里程强度是考察农产品流通基础设施的重要指标。基础设施的完善为农产品流通现代化的发展提供了基本保障。流通里程强度的具体考量方法如下：三峡库区各区（县）公路总长度/三峡库区各区（县）土地面积，数据来自2018年《重庆统计年鉴》及三峡库区各区（县）统计公报。

（7）流通主体人力资本。流通主体人力资本是考核流通主体基本素质的重要指标，主要由农民文化程度、接受农技培训的频率、从业人员文化程度、从业人员的专业培训经历、企业员工文化程度、企业组织员工进行培训的频率组成。流通主体人力资本分别考察了农户、农民专业合作社和农业龙头企业的人力资本。数据来自问卷调研，其中农民文化程度、从业人员文化程度、企业员工文化程度在问卷中以"您的文化程度"或"您所在企业员工的主要文化程度"表示，1~6分别表示小学及以下、初中、高中和中专、大专、本科、硕士及以上。接受农技培训的频率、从业人员的专业培训经历、企业组织员工进行培训的频率在问卷中以"您是否参加过农业生产、技术、经营等方面的培训"或"您企业组织员工培训的频率"，1~5分别表示从来没参加过、参加过一两次、每年参加一次、每季度参加一次、每月参加一次。

（8）流通主体技术水平。流通主体技术水平是流通主体掌握支撑农产品流通现代化发展的基本技术的情况。流通主体技术水平主要由农业机械化水平、开展电子商务的合作社数量的比重、具有冷链仓储能力的合作社占总合作社数量的比重、技术人员占员工总数的比重、通过冷链配送的销售额占总销售额的比重组成。其中，农业机械化水平衡量的是种养大户和家庭农场的技术水平，主要利用问卷调查的方式获取数据，在问卷中用"您经常使用小型农机具或自动化设备"来表示。问卷采用五级李克特量表，1～5分别表示非常不同意、比较不同意、不一定、比较同意、非常同意。电子商务和冷链物流技术的使用是农产品流通现代化的重要技术条件，因此，本书使用开展电子商务的合作社的比重、具有冷链仓储能力的合作社占总合作社数量的比重来衡量农民专业合作社的技术水平。数据来自三峡库区各区（县）统计年鉴及重庆市农业委员会《重庆市农村经营管理情况统计年报（2018年）》。本书用技术人员占员工总数的比重、通过冷链配送的销售额占总销售额的比重衡量农业龙头企业的技术水平，主要利用调研问卷获取数据，调研对象为三峡库区各区（县）市级农业龙头企业，并且考虑不同企业规模的影响。问卷用"您所在企业技术人员占企业员工总数的比例"来衡量，1～5分别表示1%以下、1%～5%、5%～10%、10%～15%、15%以上；用"您所在的企业通过冷链配送的销售额占总销售额的比重"来衡量，1～5分别表示10%以下、10%～20%、20%～30%、30%～40%、40%以上。

（9）流通主体效益水平。流通主体的效益水平主要是通过流通主体对地区农产品流通带来的效益进行考察。流通主体的效益水平主要用家庭农场年销售额占地区农产品销售额的比重、农民专业合作社年销售额占地区农产品销售额的比重、农业龙头企业年销售额占地区农产品销售额的比重来进行衡量。数据主要来自三峡库区各区（县）统计年鉴及重庆市农业委员会《重庆市农村经营管理情况统计年报（2018年）》。

（10）流通主体的组织化与经营水平。流通主体的组织化与经营水平主要考察种养大户、家庭农场、农民专业合作社和农业龙头企业的组织化变革程度，主要由参与农民专业合作社的农户数占总农户数的比重、参与农民专业合作社的家庭农场数占总家庭农场数的比重、拥有注册商标的家庭农场数占总家庭农场数的比重、拥有注册商标的合作社数占总合作社数的比重、开展休闲农业和乡村旅游的合作社数占总合作社数的比重、线下连锁经营的年销售额占总销售额的比重、线上电子商务的年销售额占总销售额的比重构成。其中，种养大户、家庭农场、农民专业合作社的数据来自重庆市农业委员会《重庆市农村经营管理情况统计年报（2018年）》，农业龙头企业的数据来自调查问卷。调研对象为三峡库区各区（县）市级农业龙头企业，并且考虑不同企业规模的影响。问卷用"您所在企业线下连锁经营的年销售额占总销售额的比重""您所在企业线上电子商务经营的年销售额占总销售额的比重"来衡量，1~5分别表示20%以下、20%~40%、40%~60%、60%~80%、80%以上。

（11）市场化程度。市场化程度主要由流通渠道畅通性和市场信息化程度构成。数据来自问卷调查。在问题的设计中，笔者考虑到了农民学历较低以及农村市场的特殊性，对问题进行了调整和修订。流通渠道畅通性在问卷中用"您拥有方便的销售或进货渠道（农产品批发市场、超级市场、线上平台）"来衡量，市场信息化程度在问卷中用"您可以方便地使用农产品市场需求信息平台"来衡量，采用五级李克特量表进行询问，1~5分别表示非常不同意、比较不同意、不一定、比较同意和非常同意。

（12）监管水平。监管水平主要由市场监管、产品认证和品牌保护构成。数据来自问卷调查。在问题的设计中，笔者考虑到了农民学历较低以及农村市场的特殊性，对问题进行了调整和修订。市场监管在问卷中用"您经常在农贸市场中见到质量监督人员"来衡量。产品认证主要是从农产品"三品一标"的角度进行考虑，在问卷中用"您所在区（县）具有无公害农产品、绿色食品、有机农产品和农产品地理标志的认证体系"来衡量。品牌保护在问卷中主要用"您所在的地区可以有效对一些农业品牌进行保护"来衡量。问卷采用五级李克特量表进行询问，1~5分别表示非常不同意、比较不同意、不一定、比较同意和非常同意。

（13）政策保障。政策保障主要由资金政策、土地政策、培训政策、雇工政策、保险政策构成。数据来自问卷调查。资金政策在问卷中主要用"您经营的项目时受到了良好的政府资金政策支持"来衡量，土地政策在问卷中主要用"您在租赁、购买或出租土地时有良好的政府政策支持"来衡量，培训政策在问卷中主要用"您在经营您的项目时受到了相关培训（技能、服务）政策的支持"来衡量，雇工政策在问卷中主要用"您在为您的经营项目雇用工人时有良好的政府政策支持"来衡量，保险政策在问卷中主要用"您所在区（县）对农业具有良好的农业保险政策支持"来衡量。问卷采用五级李克特量表进行询问，1~5分别表示非常不同意、比较不同意、不一定、比较同意和非常同意。

三峡库区农产品流通现代化指标实证考量见表4.12。

表 4.12　三峡库区农产品流通现代化指标实证考量

三级指标	衡量方法
人均农产品流通业总产值	限额以上农产品批零企业销售额/居民人数
农产品批零业集中度	限额以上农产品批零企业销售额/限额以上批零企业销售额
农产品周转率	农产品交易额/农业生产总值
农产品商品化率	农产品交易量/农产品总量
农村固定资产投资力度	各区（县）农村固定投资额/各区（县）全社会固定资产投资额
流通里程强度	各区（县）公路总长度/各区（县）土地面积
农民文化程度	利用调查问卷获取
接受农技培训的频率	利用调查问卷获取
从业人员文化程度	利用调查问卷获取
从业人员的专业培训经历	利用调查问卷获取
企业员工文化程度	利用调查问卷获取
企业组织员工进行培训的频率	利用调查问卷获取
农业机械化水平	利用调查问卷获取
开展电子商务的合作社的比重	
具有冷链仓储能力的合作社占总合作社数量的比重	
技术人员占员工总数的比重	
通过冷链配送的销售额占总销售额的比重	
家庭农场年销售额占地区农产品销售额的比重	
农民专业合作社年销售额占地区农产品销售额的比重	利用各区县统计公报及
农业龙头企业年销售额占地区农产品销售额的比重	《重庆市农村经营管理情况统计年报》
参与农民专业合作社的农户数占总农户数的比重	（2018 年）获取
参与农民专业合作社的家庭农场数占总家庭农场数的比重	
拥有注册商标的家庭农场数占总家庭农场数的比重	
拥有注册商标的合作社数占总合作社数的比重	
开展休闲农业和乡村旅游的合作社占总合作社数的比重	
线下连锁经营的年销售额占总销售额的比重	利用调查问卷获取
线上电子商务的年销售额占总销售额的比重	利用调查问卷获取
流通渠道畅通性	利用调查问卷获取
市场信息化程度	利用调查问卷获取
市场监管	利用调查问卷获取
产品认证	利用调查问卷获取
品牌保护	利用调查问卷获取
资金政策	利用调查问卷获取
土地政策	利用调查问卷获取
培训政策	利用调查问卷获取
雇工政策	利用调查问卷获取
保险政策	利用调查问卷获取

4.3 评价方法选择

目前，学术界关于评价的方法主要有层次分析法、因子分析法、数据包络法和综合指数法等，这些方法各有利弊。

层次分析法是目前用得最多的权重计算方法。它是依靠人的主观判断得到的结果，计算过程将人的偏好信息转化为判断矩阵，是将人的思维过程进行数字化处理，具有一定的片面性。因子分析法既可以用于求指标权重，又可以用于评价对象的排序，但因子分析法最终求得的因子得分没有实际经济管理的含义，并且也不能进行总指标的国际比较，与本书的研究要求有一定的距离。数据包络法在被用于综合评价时最主要的问题是难以剔除重叠信息，同时由于各个决策单元是从最有利于自己的角度分别求权重，得出的结果可能不符合实际。另外，数据包络法需要使用者对数据包络模型和研究目的有较深入的理解，才能保证不会误建模型，这又影响了该方法的应用。综合指数法是目前现代化研究的主流评价方法，简单明了的指数使原本不同量纲的指标转化成了可以直接比较的指数，但是信息利用不完全，容易造成信息缺失等问题。

综上所述，由于层次分析法、因子分析法、数据包络法、综合指数法对信息利用不完全，存在一定的劣势。因此，本书选用熵权法。相比于其他方法，熵权法利用信息比较充分，信息损失较少。熵的概念来自热力学，是对系统状态不确定性的一种度量。熵权法是判断某个指标离散程度的数学方法，能够对指标进行较为客观的赋权和计算。其值越大，说明该指标提供的信息量越大，对综合评价的影响就越大，相应的权重就越高。传统的熵权法的计算步骤包括数据标准化、数据平移、信息熵确定和权重计算等。

熵权法的步骤如下：

第一，将数据进行标准化。为消除各指标之间量纲和正负取向的影响，本书采用极差标准化的方法对原始数据矩阵进行无量纲化标准处理。其计算公式如下：

$$正向指标：y_i = \frac{x_i - \min(x_i)}{\max(x_i) - \min(x_i)} \tag{4.1}$$

负向指标：$y_i = \dfrac{\max(x_i) - x_i}{\max(x_i) - \min(x_i)}$　　　　　　　　（4.2）

式中，x_i 为指标原始数据矩阵，y_i 为标准化处理后的数据矩阵，$\max(x_i)$ 和 $\min(x_i)$ 分别为第 i 项指标的最大值和最小值。正向指标采用式（4.1）计算，负向指标采用式（4.2）计算。

第二，指标熵值计算。其计算公式如下：

$$e_i = -k \sum_{i=1}^{m} p_i \ln(p_i)$$　　　　　　　　（4.3）

式（4.3）中，e_i 为指标熵值，$0 \leqslant e_i \leqslant 1$，$k = 1/\ln m$，其中 m 为评价对象个数；$p_i = y_i / \sum y_i$。

第三，熵值法权重确定。其计算公式如下：

$$w_i = (1 - e_i) / \sum_{i}^{n} (1 - e_i)$$　　　　　　　　（4.4）

式（4.4）中，w_i 为指标权重，e_i 为指标熵值，n 为指标数量。

第四，一级指标得分计算。根据二级指标的权重计算一级指标得分，其计算公式如下：

$$Y_{1,2,3} = \sum_{1}^{n} w_i y_i, \quad \sum_{1}^{n} w_i = 1$$　　　　　　　　（4.5）

式（4.5）中 $Y_{1,2,3}$ 为一级指标得分，w_i 为指标权重。

4.4　三峡库区农产品流通现代化水平测度与评价

4.4.1　数据来源

本书研究的三峡库区是指三峡库区重庆段，包括万州区、涪陵区、渝北区、巴南区、长寿区、江津区、开州区、石柱县、武隆区、丰都县、忠县、奉节县、云阳县、巫山县、巫溪县 15 个区（县）。本书采用宏观数据与微观调研数据相结合的方式。其中，宏观数据来源或整理于 2019 年《重庆统计年鉴》、2019 年各区（县）统计公报、《重庆市农村经营管理情况统计年报

（2018 年）》和《重庆商务经济运行统计资料（2019 年）》①；微观数据来源
于 2019 年 12 月至 2020 年 1 月，笔者对三峡库区重庆段关于农产品流通现代
化进行的实地问卷调研。此次调研涉及三峡库区重庆段 15 个区（县），包括
忠县的黄金镇、拔山镇等，涪陵的李渡镇、蔺市镇等，丰都县的龙孔镇、高
家镇等，长寿区的龙滩镇、葛兰镇等三峡库区农业产业重点乡镇，共发放问
卷 1 000 份，收回问卷 868 份，其中有效问卷 788 份，问卷有效率为
90.78%。为使调研的结果真实可靠，调研对象选取种养大户、家庭农场、农
民专业合作社、农业龙头企业四种农产品流通主体，调研方法采用匿名评价
的方式。问卷调研内容包括流通主体从业人员的基本特征，农产品流通主体
的人力资本、技术水平、效益水平、组织化与经营水平以及对农产品流通体
制的感知评价等。

从调研样本的地区分布情况来看（见表 4.13），三峡库区中重庆重点库
区万州区、涪陵区、开州区、丰都县、忠县、奉节县、云阳县、巫山县样本
量为 528，占比为 67.01%；非重点库区样本量为 260，占比为 32.99%。从调
研的农产品经营组织类型来看，农业龙头企业占比为 12.82%，农民专业合作
社占比为 15.23%，家庭农场占比为 22.08%，种养大户占比为 49.87%。

表 4.13　三峡库区农产品流通现代化调研组织类型及区（县）分布

区（县）	农业龙头企业数量/个	农民专业合作社数量/个②	家庭农场数量/个	种养大户数量/个	合计/个	百分比/%
万州区	8	10	15	29	62	7.87
涪陵区	8	7	12	52	79	10.00
渝北区	7	4	7	21	39	4.95
巴南区	7	7	7	18	39	4.95
长寿区	6	6	8	18	38	4.82
江津区	7	2	6	25	40	5.08

① 2019 年《重庆统计年鉴》、2019 年三峡库区各区（县）统计公报为 2018 年数据，《重庆市农村经
营管理情况统计年报（2018 年）》为 2018 年数据，《重庆商务经济运行统计资料（2019 年）》
为 2018 年数据。

② 农民专业合作社的数据大部分来自《重庆市农村经营管理情况统计年报（2018 年）》，因此在调
研中针对农民专业合作社的问卷数量较少。

表4.13(续)

区（县）	农业龙头企业数量/个	农民专业合作社数量/个	家庭农场数量/个	种养大户数量/个	合计/个	百分比/%
开州区	9	14	18	24	65	8.25
石柱县	7	4	14	17	42	5.33
武隆区	5	4	15	15	39	4.95
丰都县	5	10	13	28	56	7.11
忠县	7	11	21	20	59	7.49
奉节县	6	5	8	44	63	7.99
云阳县	6	18	15	42	81	10.30
巫山县	6	14	13	30	63	7.99
巫溪县	7	4	2	10	23	2.92
合计	101	120	174	393	788	100
占比/%	12.82	15.23	22.08	49.87		

调研样本的基本特征（家庭农场主、种养大户户主、农民专业合作社社员）如表4.14所示。对于种养大户和家庭农场来说，受访者以男性为主，这与男性为农业生产主要劳动力的特质有一定的关系。在年龄和户籍性质方面，重点库区和非重点库区的受访者年龄和户籍特征基本保持一致，以30～50岁的农村群体为主，虽然受访者都从事的是农业生产，但由于农村户口转城市户口的政策使得有约20%的是城镇户口。在政治面貌方面，80%左右的受访者为群众，只有20%左右的受访者为党员。在文化程度方面，受访者的文化程度普遍偏低，主要以初中、高中或中专学历为主，硕士及以上的受访者为0，呈现出农业生产的高学历参与者较少的特征。在家庭结构方面，65%左右的受访者家庭有3～5人，家庭人口规模普遍偏小。在行业方面，种养大户和家庭农场多以农业（55%左右）和畜牧业（30%左右）为主，这与三峡库区的农业产业结构有关。在从事本行业年限和年产额方面，除了从事本行业年限一年以下的较少外，其他基本呈现出均匀分布的态势。这也符合本书进行抽样调研的特性。

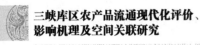
表 4.14 调研样本基本特征（家庭农场主、种养大户户主、农民专业合作社社员）

基本特征	选项	重点库区		非重点库区	
		频率	比例/%	频数	比例/%
性别	男	372	83.0	191	80.3
	女	76	17.0	47	19.7
年龄	30 岁以下	30	6.7	7	2.9
	30~40 岁	133	29.7	36	15.1
	40~50 岁	173	38.6	102	42.9
	50~60 岁	95	21.2	61	25.6
	60 岁以上	17	3.8	32	13.4
户籍性质	农村	350	78.1	204	85.7
	城镇	98	21.9	34	14.3
政治面貌	党员	109	24.3	49	20.6
	群众	339	75.7	189	79.4
文化程度	小学及以下	67	15.0	30	12.6
	初中	166	37.1	115	48.3
	高中或中专	142	31.7	70	29.4
	大专	61	13.6	19	8.0
	本科	12	2.7	4	1.7
	硕士及以上	0	0.0	0	0.0
家庭结构	1~2 人	32	7.1	18	7.6
	3~5 人	284	63.4	156	65.5
	6~8 人	118	26.3	62	26.1
	9~10 人	14	3.1	1	0.4
	11 人以上	0	0.0	1	0.4

表4.14(续)

基本特征	选项	重点库区		非重点库区	
		频率	比例/%	频数	比例/%
行业	农业	225	50.2	146	61.3
	林业	23	5.1	5	2.1
	畜牧业	148	33.0	56	23.5
	农副产品加工业	28	6.3	5	2.1
	渔业	10	2.2	11	4.6
	农业相关服务业	14	3.1	15	6.3
从事本行业的年限	1 年以下	13	2.9	5	2.1
	1~3 年	91	20.3	40	16.8
	3~5 年	114	25.4	41	17.2
	5~10 年	105	23.4	56	23.5
	10 年以上	125	27.9	96	40.3
年产值	10 万元以下	99	22.1	74	31.1
	10 万~20 万元	101	22.5	65	27.3
	20 万~30 万元	60	13.4	21	8.8
	30 万~40 万元	39	8.7	12	5.0
	40 万元以上	149	33.3	66	27.7

对于农业龙头企业来说（见表4.15），调研的农业龙头企业的创办年限大多数在 10 年以上。在企业规模方面，以年销售额 500 万~3 500 万元为主，各个规模的企业样本均有分布。在员工的文化程度方面，以高中或中专为主，少量企业员工的文化程度是大专和本科。在组织员工培训方面，有接近 60%的农业龙头企业每年组织过一两次培训，对员工的培训力度还处于偏低的水平。

表 4.15　调研样本基本特征（农业龙头企业）

基本特征	选项	重点库区		非重点库区	
		频率	比例/%	频数	比例/%
企业创办年限	1 年以下	0	0.0	0	0.0
	1~3 年	3	4.8	1	2.6
	3~5 年	10	15.9	8	21.1
	5~10 年	18	28.6	13	34.2
	10 年以上	32	50.8	16	42.1
年销售额	500 万元以下	20	31.7	11	28.9
	500 万~2 000 万元	17	27.0	10	26.3
	2 000 万~3 500 万元	14	22.2	5	13.2
	3 500 万~5 000 万元	4	6.3	3	7.9
	5 000 万元以上	8	12.7	9	23.7
员工的文化程度	小学及以下	4	6.3	3	7.9
	初中	10	15.9	4	10.5
	高中或中专	35	55.6	20	52.6
	大专	9	14.3	9	23.7
	本科	5	7.9	1	2.6
	硕士及以上	0	0.0	1	2.6
员工培训频率	从来没有	2	3.2	2	5.3
	组织过一两次	12	19.0	18	47.4
	每年组织一次	21	33.3	9	23.7
	每季度组织一次	13	20.6	9	23.7
	每个月组织一次	15	23.8	0	0.0

4.4.2　三峡库区农产品流通现代化水平测度

本书根据熵权法计算三峡库区 15 个区（县）农产品流通现代化水平评价得分。计算过程是先对原始数据进行同趋化和标准化处理，然后利用熵权法逐步计算出每个一级指标下面二、三级指标的权重，形成三个一级指标的指数，即三峡库区农产品流通发展现代化指数、三峡库区农产品流通主体能力现代化指数和三峡库区农产品流通体制现代化指数。之后，本书根据三个一级指标的得分再次利用熵权法确定权重，最终得出三峡库区各个区（县）农产品流通现代化水平得分。

4.4.2.1　三峡库区农产品流通现代化各级指标权重确定

三峡库区农产品流通现代化各级指标权重的确定是测算三峡库区农产品流通现代化水平的重要环节。本书利用熵权法测算农产品流通现代化各级指标的权重，具体做法如下：采用逐级累计求权的方法，通过测算各个一级指标下二、三级指标的权重，测算出每个一级指标的指数；之后再次用熵权法对三个一级指标进行赋权；最终得出三峡库区农产品流通现代化的得分。

从三级指标看（见表 4.16），在流通发展状态现代化中，X12（农产品批零业集中度）在农产品流通规模中占有较大的权重。农产品批零业集中度主要反映的是农产品在批发零售行业的集中程度，在一定程度上反映了农产品流通的规模效应。X12 在农产品流通规模中占有较大的权重在一定程度上说明三峡库区农产品流通规模主要是靠农产品批发零售行业的规模效应所拉动。

表 4.16　三峡库区农产品流通现代化水平三级指标权重

一级指标	二级指标	三级指标	信息熵	权重
农产品流通发展状态现代化	农产品流通规模	X11	0.037	0.204
		X12	0.144	0.796
	农产品流通效率	X21	0.081	0.550
		X22	0.067	0.450
	农产品流通基础设施	X31	0.140	0.519
		X32	0.129	0.481
农产品流通主体能力现代化	人力资本	Y11	0.059	0.122
		Y12	0.053	0.109
		Y13	0.102	0.228
		Y14	0.116	0.239
		Y15	0.043	0.115
		Y16	0.082	0.169

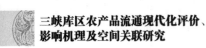

表4.16(续)

一级指标	二级指标	三级指标	信息熵	权重
农产品流通主体能力现代化	技术水平	Y21	0.068	0.134
		Y22	0.147	0.209
		Y23	0.289	0.371
		Y24	0.104	0.153
		Y25	0.102	0.150
	效益水平	Y31	0.098	0.377
		Y32	0.086	0.332
		Y33	0.076	0.291
农产品流通主体能力现代化	组织化与经营水平	Y42	0.207	0.237
		Y43	0.056	0.059
		Y44	0.096	0.101
		Y45	0.127	0.134
		Y46	0.255	0.269
		Y47	0.108	0.114
		Y48	0.080	0.085
农产品流通体制现代化	市场化水平	Z11	0.082	0.454
		Z12	0.043	0.546
	监管水平	Z21	0.081	0.512
		Z22	0.031	0.195
		Z23	0.046	0.293
	制度保障	Z31	0.053	0.217
		Z32	0.053	0.217
		Z33	0.047	0.190
		Z34	0.051	0.208
		Z35	0.042	0.169

在流通主体能力现代化中，Y13（农民专业合作社从业人员的文化程度）、Y14（农民专业合作社从业人员的专业培训经历）在人力资本中占有较

大的权重，说明农民专业合作社的人力资本水平对三峡库区农产品流通主体的人力资本水平具有一定的带动作用，农民专业合作社可以对农民进行小范围的技能培训和农业技术的指导。因此，从业人员的素质和技能水平在一定程度上可以带动辐射农民的人力资本水平。同样，Y22（开展电子商务农民专业合作社占地区农民专业合作社总数的比重）、Y23（具有冷链仓储能力的农民专业合作社占地区农民专业合作社总数的比重）在技术水平中占有较大的权重，说明依托互联网技术的电子商务和冷链物流对农产品流通具有较大的技术性支持，农民专业合作社的这两项技术能力既可以拉动种养大户和家庭农场进行农产品的销售和运输，又可以承接农业龙头企业原材料采购。因此，Y22、Y23 在技术水平中占有较大的权重具有一定的理论依据。Y42（参与农民专业合作社的农户数占总农户数的比重）、Y46（开展休闲农业和乡村旅游的农民专业合作社数占总合作社数的比重）在组织化与经营水平中占有较大的权重。组织化与经营水平主要表示农业经营组织进行经营变革的程度，主要是突破传统小农经济的束缚、改变经营方式来推动农产品的流通。Y42 和Y46 的权重较大，显示农民专业合作社对农产品流通组织化变革与经营水平提高的影响较大，更多的农民参与农民专业合作社可以改变传统的家庭作坊式的小农种植，使农产品流通的方式更加多元、范围更加广泛。休闲农业和乡村旅游的农民专业合作社的出现使得农业产业化发生变革，将传统农业和乡村旅游业结合起来间接拓宽了农产品流通的渠道。

在农产品流通体制现代化中，Z21（市场监督）在监管水平中有较大的权重。市场监督主要表示农产品在流通过程中的市场监管情况，对于农产品流通主体来说，市场监管水平直接影响了农产品的质量和市场秩序，有无良好的市场监督对地区监管水平的高低意义重大。

本书通过对三峡库区农产品流通评价的三级指标权重的计算，得出二级指标得分情况。从表4.17 中可以看出，石柱县、开州区、云阳县等农业大区（县）在农产品流通规模、制度保障方面表现较好。而渝北区、巴南区、江津区等经济相对发达的区（县）在农产品流通效率、人力资本方面表现较好。在农业发展基础设施方面，忠县、丰都县、云阳县等一些经济相对欠发达的区（县）表现比一些经济相对发达的区（县）要好，这与三峡库区各个区（县）的产业结构和对农村的基础设施投资有一定的关系。在农产品流通主体的技术水平、组织化与经营水平方面，万州区和涪陵区表现较好。在市场化程度、监管水平和政策保障方面，巫山县、巫溪县等渝东北欠发达地区的区（县）表现较差，这可能与这些区（县）的地理位置有一定的关系。

表 4.17　三峡库区农产品流通现代化二级指标得分

地区	X1	X2	X3	Y1	Y2	Y3	Y4	Z1	Z2	Z3
万州区	0.128 4	0.529 5	0.222 3	0.442 3	0.465 9	0.881 5	0.354 3	0.196 8	0.819 7	0.625 4
涪陵区	0.146 6	0.572 9	0.248 2	0.669 8	0.343 9	0.722 5	0.293 8	0.200 8	0.563 1	0.763 7
渝北区	0.010 0	0.658 5	0.234 0	0.504 8	0.186 4	0.145 1	0.266 2	0.209 5	0.701 5	0.757 1
巴南区	0.165 7	0.849 5	0.486 7	0.434 1	0.174 4	0.228 7	0.474 1	0.189 9	0.435 8	0.415 4
长寿区	0.206 9	0.503 5	0.526 4	0.346 8	0.598 5	0.444 1	0.250 3	0.206 0	0.558 3	0.823 2
江津区	0.636 2	0.809 7	0.146 1	0.503 3	0.456 3	0.213 1	0.371 6	0.180 4	0.333 5	0.668 3
开州区	0.694 9	0.459 2	0.383 7	0.776 3	0.418 4	0.325 8	0.397 1	0.210 5	0.883 7	0.920 3
石柱县	0.991 0	0.436 3	0.266 5	0.332 6	0.217 5	0.499 0	0.343 4	0.184 3	0.828 6	0.900 4
武隆区	0.344 5	0.193 1	0.287 6	0.409 7	0.354 1	0.252 2	0.631 5	0.228 1	0.566 6	0.866 9
丰都县	0.336 6	0.456 6	0.504 0	0.527 1	0.339 8	0.420 5	0.314 8	0.165 9	0.521 7	0.229 7
忠县	0.404 2	0.572 6	0.817 3	0.616 7	0.285 1	0.516 4	0.329 6	0.198 2	0.842 3	0.612 8
云阳县	0.691 5	0.363 8	0.625 0	0.430 7	0.387 2	0.443 7	0.256 2	0.195 0	0.409 7	0.639 8
奉节县	0.356 1	0.389 1	0.227 8	0.423 0	0.176 3	0.675 1	0.265 7	0.187 6	0.304 3	0.719 3
巫山县	0.296 1	0.010 0	0.061 2	0.249 0	0.552 7	0.608 4	0.195 7	0.180 9	0.331 1	0.171 6
巫溪县	0.822 4	0.018 0	0.271 4	0.439 4	0.187 8	0.297 5	0.100 1	0.187 5	0.555 4	0.112 6

从三峡库区农产品流通现代化的二级指标权重来看，流通主体能力现代化中的 Y2（技术水平）、Y4（组织化与经营水平）以及流通体制现代化中的 Z2（监管水平）占有较大的权重（见表 4.18）。首先，流通主体的技术水平是推动农产品流通的重要手段，技术水平的高低决定了农产品流通渠道是否畅通、流通范围是否广泛，也在一定程度上决定了流通效率的高低。其次，组织化与经营水平是农产品流通现代化的重要表现。因此，技术水平、组织化与经营水平在流通主体能力现代化中扮演了重要的角色。监管水平主要表示了地区的市场监管情况、是否具有地区性的农产品认证以及对相关农产品品牌的保护程度。这些可以为农产品规模化流通与农产品流通的良性发展提

供重要的制度性保障。因此，Y2、Y4、Z2 占有较大的权重符合理论依据与现实情况。

表 4.18　三峡库区农产品流通现代化水平二级指标权重

一级指标	二级指标	信息熵	权重
农产品流通发展状态现代化	X1	0.087	0.374
	X2	0.067	0.288
	X3	0.079	0.339
农产品流通主体能力现代化	Y1	0.063	0.189
	Y2	0.131	0.390
	Y3	0.054	0.160
	Y4	0.088	0.261
农产品流通体制现代化	Z1	0.053	0.243
	Z2	0.101	0.464
	Z3	0.064	0.293

　　本书通过对三峡库区农产品流通现代化二级指标权重的计算，得出了三峡库区农产品流通现代化水平一级指标的得分情况。之后，本书再次利用熵权法计算出三峡库区农产品流通现代化水平一级指标权重（见表 4.19）。从一级指标权重来看，流通主体能力现代化与流通体制现代化所占的权重较大，尤其是流通主体能力现代化的权重接近 40%，显示出农产品流通主体能力与流通体制对三峡库区农产品流通现代化水平有重要影响。可能的原因是，流通主体在农产品流通中扮演着重要角色，流通主体之间协同发展会引发人力、技术、经营水平等方面的现代化变革，间接形成紧密型农产品流通经营组织联盟，在流通效率、流通规模和流通的组织化变革中都具有一定的带动作用，从而促进农产品流通现代化的发展。流通体制现代化是支撑农产品流通现代化发展的重要因素，一方面市场化程度和政策保障为农产品流通提供一定的激励机制，另一方面良好的监管为农产品流通提供约束机制，双重制度保障可以促进农产品流通现代化的良性发展。

表4.19 三峡库区农产品流通现代化水平一级指标权重

一级指标	信息熵	权重
X	0.048 93	0.255 60
Y	0.076 39	0.399 59
Z	0.065 85	0.344 46

4.4.2.2 三峡库区农产品流通现代化水平评价得分

本书通过对三峡库区农产品流通的三个级别的指标权重的确定，计算出三峡库区农产品流通现代化综合评价得分（见表4.20）。

表4.20 三峡库区农产品流通现代化综合评价得分

地区	流通发展状态现代化	流通主体能力现代化	流通体制现代化	流通现代化
万州区	0.305 2	0.685 0	0.638 2	0.705 1
涪陵区	0.338 6	0.579 5	0.487 5	0.579 9
渝北区	0.309 5	0.162 7	0.562 1	0.289 6
巴南区	0.547 5	0.218 6	0.263 8	0.314 2
长寿区	0.462 5	0.586 2	0.520 2	0.653 7
江津区	0.560 6	0.466 2	0.390 2	0.555 2
开州区	0.569 3	0.576 5	0.936 7	0.866 1
石柱县	0.621 8	0.278 4	0.958 6	0.678 3
武隆区	0.301 6	0.431 0	0.576 8	0.490 4
丰都县	0.485 7	0.423 9	0.307 5	0.456 4
忠县	0.691 6	0.444 5	0.720 0	0.733 8
云阳县	0.643 4	0.423 5	0.454 4	0.587 2
奉节县	0.346 4	0.311 8	0.315 9	0.314 7
巫山县	0.119 0	0.550 9	0.123 7	0.310 5
巫溪县	0.416 4	0.144 4	0.412 1	0.261 9

4.4.3.1　三峡库区农产品流通现代化层级划分

总体来看,三峡库区各区(县)农产品流通现代化水平呈现层级分布的态势。如表4.21所示,开州区的得分最高,处于第一梯队;忠县、万州区、石柱县和长寿区处于第二梯队;云阳县、涪陵区、江津区、武隆区和丰都县处于第三梯队;奉节县、巴南区、巫山县、渝北区和巫溪县农产品流通现代化水平较低,处于第四梯队。可见,三峡库区各区(县)依然存在着一定的地区差距。例如,同处于渝东北地区的开州区、万州区与奉节县、巫山县、巫溪县,在农产品流通现代化上存在着较大的差距,尤其是开州区与奉节县差距最大,开州区2018年人均GDP为40 068元,第一产业比重为13.35%;奉节县2018年人均GDP为41 155元,第一产业比重为14.78%。这两个区(县)无论是在经济体量上还是在产业结构等方面都展现出相近的水平,但是农产品流通现代化存在着一定的差距,这与农产品流通主体能力和地方政府政策落实等方面有一定的关系。例如,奉节县在开展电子商务的农民专业合作社数和开展乡村旅游农民专业合作社数等方面都为零,可见奉节县在一些方面还依然与三峡库区的其他区(县)存在差距。开州区近年来农业发展迅猛,不断深化农业供给侧结构性改革,着力创建品牌,塑造培育开州区公用品牌,并且以高标准建设农业产业园,延长农业产业链,从乡村旅游和农村电商两个方面推动农产品流通现代化的发展。巴南区、渝北区均处于重庆市主城都市圈内,在农业固定资产投资以及农产品流通主体能力中的技术水平、组织化与经营水平等方面表现较差,导致农产品流通现代化水平较低。这可能与这两个区的产业结构发展重心存在一定的关系。例如,渝北区的主导产业是第二产业和第三产业,近年来在服务业、高科技制造业等方面发展迅猛,而渝北区2018年第一产业的比重仅为1.54%。万州区、涪陵区、长寿区、江津区在三峡库区中属于经济实力较强的区,在三峡库区农产品流通现代化评价的得分中处于中等偏上的位置。这几个区的经济体量相对较大,农业基础比较深厚,产业结构相对平衡,也造就了其一二三产业的融合水平相对较高。再加之这几个区扮演了辐射周围其他区(县)的重要角色,因此其农产品流通现代化发展比较稳定。

表4.21　三峡库区各区（县）农产品流通现代化得分层级分布

流通现代化得分层级	区（县）
0.8~1.0	开州区
0.6~0.8	忠县、万州区、石柱县、长寿区
0.4~0.6	云阳县、涪陵区、江津区、武隆区、丰都县
0.2~0.4	奉节县、巴南区、巫山县、渝北区、巫溪县

从重点库区和非重点库区的划分来看，重点库区农产品流通现代化的发展水平要优于非重点库区（见图4.9，深色为重点库区）。三峡库区农产品流通现代化水平评分排名前三位的区（县）——开州区、忠县、万州区都处于重点库区，云阳县和涪陵区的农产品流通现代化水平也相对高，这可能与重点库区的生态治理以及农业基础较好有一定的关系。

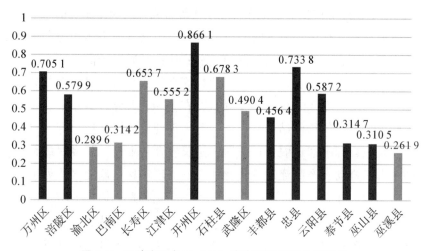

图4.9　三峡库区各区（县）农产品流通现代化得分

4.4.3.2　三峡库区农产品流通现代化子系统比较

从农产品流通发展状态现代化来看（见图4.10、表4.22），忠县、云阳县、石柱县、开州区的农产品流通发展状态现代化水平在三峡库区处于较高水平，占据了前四位。它们同处三峡库区腹地。其中，忠县、开州区是国家农产品主产县，农业生产能力较强。忠县的地理位置十分优越，长江自西南向东北川流而过，沪渝高速公路（G50）横贯东西。同时，忠县盛产柑橘，被称为"橘城"。2018年，忠县的农业商品率达68.35%，人均农产品产值为

0.54 万元，流通里程强度高达 2.22，农村固定资产投资力度高达 7.93，各项流通发展状态现代化都处于三峡库区较高水平。开州区是人口大区、资源大区、农业大区、移民大区，2018 年的农业商品产值达 574 814 万元，农产品批发零售业集中度为 17.95%，流通里程强度达 2.02，都处于三峡库区较高水平。云阳县与万州区相接，是中国西部百强县（市）之一，也是三峡库区生态经济区沿江经济走廊承东启西、南引北连的重要枢纽。2018 年，云阳县农产品批发零售业集中度高达 18.33%，农村固定资产投资力度高达 8.41%，远超三峡库区的平均水平。石柱县地处三峡库区腹心，是"中国黄连之乡""中国辣椒之乡""全国最大的莼菜生产基地""全国有机农业示范基地"，2018 年，石柱县农产品批发零售业集中度达 25.17%，在三峡库区 15 个区（县）中居首位。巫山县、武隆区的农产品流通发展现代化水平排名靠后，究其原因是近年来这两个区（县）发展的重心都偏向旅游业。此外，巫山地处三峡库区最边缘，与其他区（县）经济联系不够紧密。2018 年，巫山县、武隆区的农业商品产值分别为 173 033 万元、187 250 万元，流通里程强度分别为 1.69、1.65，远远低于三峡库区的平均水平。

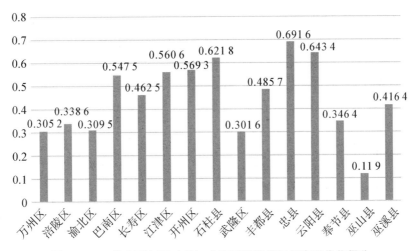

图 4.10　三峡库区各区（县）农产品流通发展状态现代化得分

从流通主体能力现代化来看（见图 4.11、表 4.22），万州区、长寿区、涪陵区的流通主体能力现代化水平在三峡库区各区（县）中位居前三名。万州区地处三峡库区腹地，区位独特，是长江十大港口城市，是全国公路交通枢纽。2018 年，万州区的农民专业合作社年销售额占比达 28.53%，家庭农场参与农民专业合作社数占总农场数的比重为 76.54%，市级农业龙头企业数占重庆市农业龙头企业数的比重为 5.37%，各项数据都位居三峡库区各区（县）的首位。长寿区是重庆水陆重要的交通枢纽，史称"天府膏腴之地，川东鱼米之乡"，是全国的产粮大区、产肉大区、优质水果基地、农村综合能源试点基地，也是重庆市最大的禽蛋基地、西瓜基地和重要的蔬菜基地。2018 年，长寿区具有冷链仓储能力的合作社占总合作社数量的比重达 16.03%，远超三峡库区平均水平。涪陵区地处三峡库区腹地，以涪陵榨菜闻名。2018 年，涪陵区开展电子商务的合作社的比重达 4.62%，具有冷链仓储能力的合作社占总合作社数的比重为 7.14%。农民专业合作社年销售额占比达 20.65%，家庭农场参与农民专业合作社占总农场数的比重是 67.29%，均位于三峡库区前列。渝北区、巴南区的流通主体能力现代化水平居于三峡库区各区（县）最后两位。两区地处重庆市主城区，较早地实现了产业转型，农业不再是其支柱型产业。2018 年，渝北区、巴南区具有冷链仓储能力的合作社的比重都为零，渝北区的家庭农场年销售额占比在三峡库区 15 个区（县）中排名最后，仅为 1.66%。巴南区家庭农场参与农民专业合作社数占总农场数的比重同样排名最后，为 34.62%。

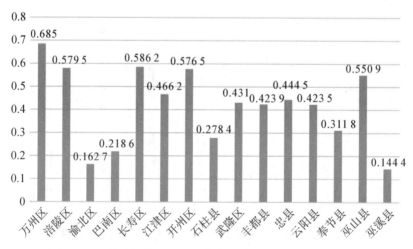

图 4.11 三峡库区各区（县）农产品流通主体能力现代化得分

从流通体制现代化来看（见图 4.12、表 4.22），石柱县、开州区、忠县、万州区、武隆区位居前五位。石柱县 2018 年全年获国家绿色食品、有机农产品、重庆名牌农产品认证 17 个，全县"三品一标"等品牌农产品和农产品产地累计达 210 个。渝北区、长寿区、涪陵区、云阳县、巫溪县处于三峡库区流通体制现代化中游水平。江津区、奉节县、丰都县、巴南区、巫山县的流通体制现代化水平位于末尾。

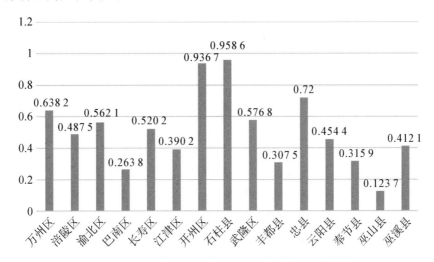

图 4.12　三峡库区各区（县）农产品流通体制现代化得分

表 4.22　三峡库区农产品流通现代化综合评价得分排序

地区	农产品流通 现代化	农产品流通发展 状态现代化	农产品流通主体 能力现代化	农产品流通体制 现代化
开州区	1	4	4	2
忠县	2	1	7	3
万州区	3	13	1	4
石柱县	4	3	12	1
长寿区	5	8	2	7
云阳县	6	2	10	9
涪陵区	7	11	3	8
江津区	8	5	6	11
武隆区	9	14	8	5
丰都县	10	7	9	13
奉节县	11	10	11	12
巴南区	12	6	13	14
巫山县	13	15	5	15

表4.22(续)

地区	农产品流通现代化	农产品流通发展状态现代化	农产品流通主体能力现代化	农产品流通体制现代化
渝北区	14	12	14	6
巫溪县	15	9	15	10

4.5　本章小结

　　首先，本章从三峡库区农业农村发展概况、流通现状和保障条件三个方面分析了当前三峡库区农产品流通的现状。其次，本章根据三峡库区农产品流通现代化理论分析框架，对指标体系中的具体内容进行充实与量化，从理论和数据可得性的角度出发构建了三峡库区农产品流通现代化指标体系。该指标体系主要包括三峡库区农产品流通发展状态现代化、三峡库区农产品流通主体能力现代化、三峡库区农产品流通体制现代化三个一级指标，农产品流通规模、农产品流通效率、农产品流通基础设施、人力资本、技术水平、效益水平、组织化与经营水平、市场化程度、监管水平和政策保障 10 个二级指标以及 37 个三级指标，并对数据的来源以及具体的衡量方式进行了说明。再次，本章对评价研究常用的方法进行了梳理和总结，结合本书研究的特点、数据类型以及各种研究方法的优劣性，最终选取熵权法作为本书三峡库区农产品流通现代化评价的研究方法。最后，本章利用熵权法对三峡库区农产品流通现代化水平展开评价。其方法如下：笔者先对每个级别的指标进行权重计算，之后形成三个一级指标的指数；再利用熵权法计算一级指标的权重，形成三峡库区农产品流通现代化水平的得分，并将三峡库区 15 个区（县）的农产品流通现代化水平进行层级划分，得出三峡库区各区（县）农产品流通现代化水平呈现层级分布的态势，三峡库区各区（县）之间的农产品流通现代化水平依然存在着一定的地区差距。其中，开州区的得分最高，处于第一梯队，忠县、万州区、石柱县和长寿区处于第二梯队，云阳县、涪陵区、江津区、武隆区和丰都县处于第三梯队，奉节县、巴南区、巫山县、渝北区和巫溪县农产品流通现代化水平较低，处于第四梯队。

5

三峡库区农产品流通现代化影响机理分析

通过第 4 章对三峡库区农产品流通现代化评价的研究，本书得出三峡库区农产品流通现代化呈现层级分布的差异性特征，这些特征总体反映了三峡库区农产品流通现代化的发展现状。在前述研究的基础上，本章进一步挖掘三峡库区农产品流通现代化的影响机理，通过实证分析，明晰影响三峡库区农产品流通现代化发展的作用机理及方向。

5.1　研究假设

目前，关于农产品流通现代化影响机理的研究相对较少，现有的文献关于模型和变量的选择主要集中于宏观经济因素的选择上，对于三峡库区农产品流通影响机理的参考意义不大。本章在前文相关理论基础的借鉴下，结合第4章关于指标体系内农产品流通状态现代化、农产品流通主体能力现代化、农产品流通体制现代化等指标的分析，同时兼顾数据的可得性，从农民的基础能力、地区流通主体发展水平、地区物流条件、地区要素市场以及地区金融支持共五个方面对农产品流通现代化的影响机理进行分析（见图5.1）。

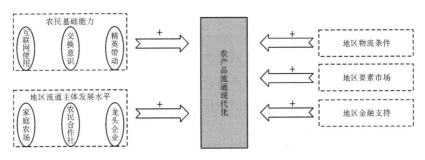

图 5.1　三峡库区农产品流通现代化影响机理

5.1.1　农民基础能力对农产品流通现代化的影响

农民作为农产品流通的最重要的主体，在促进农产品流通的过程中，发挥着重要作用，其基础能力也在一定程度上影响农产品流通现代化的发展。与农产品流通现代化相关的农民基础能力主要包括农民对信息化设备的使用，如智能手机、互联网等，农民的交换意识，农民向身边精英学习的能力，等等。首先，农产品流通现代化是把现代技术、现代营销方法等应用到农产品流通过程中，其中互联网技术的运用是农产品流通现代化的重要技术载体。农民通过互联网技术可以进行网络营销，从而拓宽农产品的流通渠道，提高流通效率。同时，农民依托互联网对农业信息资源、农业生产资源的获取也在一定程度上降低了农产品的生产成本，提高了农民对农产品的经营水平。其次，农产品流通的基本要求是将生产的农作物进行交易、变成商品，在市场中流通起来。因此，农民的交换意识是推动农作物商品化、提高农产品流通现代化水平的基本素质。当前，我国农业发展正处于由原来自给自足的小农经济向家庭农场等新型农业经营主体转换的过程中，其核心是将农业生产从粗放式、自给自足的小农生产向专业化、集约化、社会化和组织化的农场生产转变。因此，农民应该不断强化交换意识，摒弃自给自足的思想，提高农产品商品化率，从而促进农产品的流通。最后，我国农村地区属于相对封闭的社区，与我国广大城市地区相比流动性相对较小，这也就造就了同群效应的存在。因此，在农村这种相对封闭的社区环境中，小社会中的"精英"或"榜样"会辐射到农民个体，使得农民在"精英"或"榜样"的带动下更好地进行农业生产，促进农产品的流通。由此，精英带动成为一个地区农产品流通现代化推进的重要因素，向精英学习也是农民必备的基本能力。基于此，本书提出假设1至假设3。

假设1：农民互联网使用强度对农产品流通现代化有显著的正向影响。

假设2：农民的交换意识对农产品流通现代化有显著的正向影响。

假设3：精英带动对农产品流通现代化有显著的正向影响。

5.1.2 地区流通主体发展水平对农产品流通现代化的影响

地区流通主体一般是指在农产品流通整个环节扮演重要角色的主体，主要包括形成生产规模的家庭农场，农民专业合作社以及农业龙头企业。家庭农场、生产性农民农业合作社发挥着农作物种植、初级农产品加工、流通的作用；农业龙头企业发挥着农产品价值链延长的作用。农业龙头企业对普通农户、种养大户、家庭农场、农民专业合作社等农业生产基本单元的带动作用，可以有效推动农产品流通的发展。其领导及示范效应在一定程度上可以提高农产品流通现代化的水平。社会服务型农民专业合作社还发挥着带动农户、家庭农场生产、销售、提供技术服务的作用。因此，在整个农产品流通的过程中上述每个主体都至关重要，都对农产品流通现代化的发展产生重要作用。基于此，本书提出假设4至假设6。

假设4：家庭农场发展水平对农产品流通现代化有显著的正向影响。

假设 5：农民专业合作社发展水平对农产品流通现代化有显著的正向影响。

假设 6：农业龙头企业带动能力对农产品流通现代化有显著的正向影响。

5.1.3　地区物流条件对农产品流通现代化的影响

地区物流条件是农产品流通发展的重要基础设施。良好的物流基础能为农产品流通提供完备的设施条件。良好的地区物流条件应该是具有完善的物流体系、完备的仓储设施以及先进的冷链物流技术。近年来，冷链物流的迅猛发展使水果、蔬菜、肉类等农副产品的流通里程延长、流通效率提高。冷链物流的广泛应用也加速了产销一体化，使农产品流通业功能得到了有效升级，尤其是通过电子商务销售农产品，使冷链物流能更好地把农产品供应链与终端市场紧密联系起来，带动了运输、加工等农村服务体系一体化发展。农产品产地采摘预冷、分级、加工、包装以及仓储等环节的冷链需求，打通了从生产到市场的"最先一公里"，使农产品批发市场、农民专业合作社、农业龙头企业之间的协作大大增强。冷链物流的"最先一公里"又能满足消费升级差异化、个性化、多元化的需要，解决了"最后一公里"的瓶颈问题。因此，良好的地区冷链物流条件可以加速产销一体化，提高农产品流通现代化的水平。基于此，本书提出假设 7。

假设 7：地区物流条件对农产品流通现代化有显著的正向影响。

5.1.4　地区要素市场对农产品流通现代化的影响

农业生产离不开要素的支持，农村地区生产、流通所需的要素主要是人力、土地和资金。首先，随着我国经济社会的发展，大量农业从业人员从第一产业向第二产业和第三产业转移，原有的农业从业人员数量不断下降。农村新生代从事农业生产的比例也逐年下降，越来越多的年轻人从农村来到城市，成为工人或服务业从业者。大量青壮年和相对素质较高的农业劳动力转移到工业和服务业，导致近年来农业生产呈现出兼业化、副业化和老龄化的特点，农业从业人员整体素质偏低。因此，人力的获取成为保障农业基本生产、推进农产品流通现代化发展的基本要素。其次，土地是农业生产的基本要素条件。健康、良好的土地流转市场可以使农民更好地扩大农业生产规模，加速农产品的流通。最后，资金是农业生产的重要保障要素。农民与其他社会群体相比往往存在贷款难度大、贷款成本高的问题，资金在一定程度上成为农民扩大农业生产规模的阻碍。因此，一个健康、有序的借贷市场会降低农民的贷款成本，从而为扩大农业生产提供有效的资金支持。基于此，本书提出假设8。

假设8：地区要素市场对农产品流通现代化有显著的正向影响。

5.1.5 地区金融支持对农产品流通现代化的影响

地区性的政策性金融支持一方面会加大地方性的农业固定资产投资力度，使农业生产的基础设施更加完善；另一方面会使得流通主体的融资成本降低。虽然近年来政府不断出台和实施扶持农村金融机构，特别是农村中小金融机构发展的政策，但是这些机构普遍监管困难，存在着系统性风险，且准入制度严格，制约了农村中小金融机构的发展。农村种养大户、家庭农场、农民专业合作社和中小型农业企业等流通主体由于缺乏有效的担保抵押物，出现了融资贷款困难、贷款交易成本高以及贷款手续复杂等问题，导致农产品流通主体的资金需求无法得到满足。小额信贷等扶持性贷款规模较小，远远无法满足农产品流通主体的资金需求，在一定程度上阻碍了农产品流通现代化的发展。因此，地区性的金融支持对提高农村金融运作效率、创新农村金融运行体制、改善流通主体的金融条件、促进农产品流通现代化的发展至关重要。基于此，本书提出假设9。

假设9：地区金融支持对农产品流通现代化有显著的正向影响。

5.2 变量释义与实证方法

本章研究的内容主要是三峡库区农产品流通现代化的影响机理，因此因变量是第4章中三峡库区各区（县）农产品流通现代化的得分情况，以及农产品流通状态现代化、农产品流通主体能力现代化和农产品流通体制现代化的得分情况。自变量主要是：

第一，农民的基础能力。农民的基础能力主要包括互联网使用强度、交换意识和精英带动。其中，互联网使用强度主要利用调研数据，从掌握互联网技能的熟练程度、经常使用互联网获取相关信息和每个月上网的费用三个方面进行表示。问卷使用"您是否掌握互联网使用的技能（手机或电脑）"来衡量，采用五级李克特量表，1~5 分别表示没有掌握、了解一些、基本掌握、掌握、能够熟练使用；使用"您经常使用互联网获取有关销售、进货、技术等方面的信息"来衡量，用五级李克特量表，1~5 分别表示非常不同意、不同意、不一定、比较同意、非常同意；使用"您每个月的上网费用支出"来衡量，1~5 分别表示 10 元以下、10~30 元、30~50 元、50~100 元 、100 元以上。笔者使用 Spss 23.0 统计软件进行探索性因子分析，结果显示量表的 KMO 为 0.781，累计解释方差能力达 75.23%；Bartlett 球形检验值显著（$p = 0.000$），即该变量适宜做因子分析；信度系数 Cronbach α 为 0.815，表明量表具有良好的信度和效度。交换意识和精英带动主要利用调研数据。问卷使用"您身边有'能人'或精英带动进行生产、销售"来衡量，采用五级李克特量表，1~5 分别表示非常不同意、不同意、不一定、比较同意、非常同意。

第二，地区流通主体发展水平，地区流通主体发展水平主要包括地区家庭农场数量、地区农民专业合作社社员数量、地区农业龙头企业带动能力。其中，地区家庭农场数量主要用一个地区的农业部门认定的家庭农场的数量来表示，并进行取对数处理；地区农民专业合作社社员数量用地区农委发布的合作社社员数量表示，并进行取对数处理；龙头企业带动能力主要用龙头企业在农民手中购买原材料占总原材料采购的比重来表示。

第三，地区物流条件。地区物流条件主要利用调研数据从寄收快递、仓储、冷链物流三个方面进行考察。问卷使用"您寄收货物方便快捷""您能够找到合适的仓库对您生产的农产品进行储存""您对保鲜时效较短的农产品能找到冰库或冷链车辆进行运输储存"来衡量，采用五级李克特量表，1~5 分别表示非常不同意、不同意、不一定、比较同意、非常同意。笔者使用 Spss 23.0 统计软件进行探索性因子分析，结果显示量表的 KMO 为 0.826，累计解释方差能力达 79.23%；Bartlett 球形检验值显著（$p = 0.000$），即该变量适宜做因子分析；信度系数 Cronbach α 为 0.881，表明量表具有良好的信度和效度。

第四，地区要素市场。地区要素市场主要利用调研数据从人力、土地、资金三个方面的要素获取进行考察。问卷使用"您可以较容易在农村雇到人员进行农业生产""您可以方便地出租或租赁、购买土地，并具有一定的有效指导和市场规范""您经营过程中的贷款成本较低"来衡量，采用五级李克特量表，1~5 分别表示非常不同意、不同意、不一定、比较同意、非常同意。笔者使用 Spss 23.0 统计软件进行探索性因子分析，结果显示量表的 KMO 为 0.801，累计解释方差能力达 83.51%；Bartlett 球形检验值显著（$p = 0.000$），即该变量适宜做因子分析；信度系数 Cronbach α 为 0.867，表明量表具有良好的信度和效度。

第五，地区金融支持。本书采用地区农业贷款占贷款总额的比例作为代理变量进行表示，数据来自三峡库区各区（县）统计年鉴及政府公报。

第六，控制变量。本书控制了地区经济特征对模型的影响，主要选取人均 GDP 来衡量经济规模，进行取对数处理；选取第一产业产值占 GDP 的比重来衡量产业结构。

变量定义如表 5.1 所示。

表 5.1 变量定义

变量	变量名称	变量定义
mod	流通现代化	三峡库区农产品流通现代化得分
mod-x	流通状态现代化	三峡库区农产品流通状态现代化得分
mod-y	流通主体能力现代化	三峡库区农产品流通主体能力现代化得分
mod-z	流通体制现代化	三峡库区农产品流通体制现代化得分
intern	互联网使用强度	掌握互联网技能的熟练程度、经常使用互联网获取相关信息和每个月上网的费用
exchan	交换意识	生产的农产品大部分都销售出去了
elite	精英带动	身边有能人或精英带动进行生产、销售
farm	家庭农场发展水平	地区农业部门认定的家庭农场数量，取对数处理
cooper	农民专业合作社发展水平	地区农民专业合作社的社员数量，取对数处理
lead	农业龙头企业带动能力	农业龙头企业在农民手中购买原材料的比重
logis	地区物流条件	寄收快递、仓储、冷链物流
element	地区要素市场	人力、土地、资金
finan	地区金融支持	农业贷款占贷款总额的比重
econ	经济规模	人均 GDP，取对数处理
ind	产业结构	第一产业产值占 GDP 的比重

本节使用的研究方法主要是回归系数法。为控制解释变量以外的其他因素的影响，笔者在模型中加入了两个控制变量。三峡库区农产品流通影响机

理分析的测量模型如下：

$$Y_i = \alpha + \beta_1 \text{intern}_i + \beta_2 \text{exchan}_i + \beta_3 \text{elite}_i + \beta_4 \text{lnfarm}_i + \beta_5 \text{lncooper}_i +$$
$$\beta_6 \text{lead}_i + \beta_7 \text{logis}_i + \beta_8 \text{element}_i + \beta_9 \text{finan}_i + Z_i + \varepsilon_i \quad (5.1)$$

$$Y_{xi} = \alpha + \beta_1 \text{intern}_i + \beta_2 \text{exchan}_i + \beta_3 \text{elite}_i + \beta_4 \text{lnfarm}_i + \beta_5 \text{lncooper}_i +$$
$$\beta_6 \text{lead}_i + \beta_7 \text{logis}_i + \beta_8 \text{element}_i + \beta_9 \text{finan}_i + Z_i + \varepsilon_i \quad (5.2)$$

$$Y_{yi} = \alpha + \beta_1 \text{intern}_i + \beta_2 \text{exchan}_i + \beta_3 \text{elite}_i + \beta_4 \text{lnfarm}_i + \beta_5 \text{lncooper}_i +$$
$$\beta_6 \text{lead}_i + \beta_7 \text{logis}_i + \beta_8 \text{element}_i + \beta_9 \text{finan}_i + Z_i + \varepsilon_i \quad (5.3)$$

$$Y_{zi} = \alpha + \beta_1 \text{intern}_i + \beta_2 \text{exchan}_i + \beta_3 \text{elite}_i + \beta_4 \text{lnfarm}_i + \beta_5 \text{lncooper}_i +$$
$$\beta_6 \text{lead}_i + \beta_7 \text{logis}_i + \beta_8 \text{element}_i + \beta_9 \text{finan}_i + Z_i + \varepsilon_i \quad (5.4)$$

其中，Y_i 代表三峡库区各区(县)农产品流通现代化得分，Y_{xi} 代表三峡库区各区(县)农产品流通状态现代化得分，Y_{yi} 代表三峡库区各区(县)农产品流通主体能力现代化得分，Y_{zi} 代表三峡库区各区(县)农产品流通体制现代化得分；Z_i 为地区经济特征变量，包括经济规模（econ）和产业结构（ind）；ε_i 为扰动项。

5.3 实证结果分析

5.3.1 描述性统计及相关性分析

变量描述性统计与相关性分析如表 5.2 所示。表 5.2 分别描述了流通现代化（mod）、流通状态现代化（mod-x）、流通主体能力现代化（mod-y）、流通体制现代化（mod-z）、互联网使用强度（intern）、交换意识（exchan）、精英带动（elite）、家庭农场发展水平（farm）、农民专业合作社发展水平（cooper）、农业龙头企业带动能力（lead）、地区物流条件（logis）、地区要素市场（element）、地区金融支持（finan）的均值、方差以及各个变量之间的相关性。整体看来，本书关注的核心变量之间的相关系数在可控范围内，绝大多数变量之间的相关系数为 0.1~0.4，相关系数不存在超过 0.7 的变量。主要变量之间的相关性绝大部分通过了显著性检验。

表 5.2 变量描述性统计与相关性分析

变量	mod	mod-x	mod-y	mod-z	finan	farm	cooper	lead	logis	element	exchan	intern	elite
mod	1												
mod-x	0.558***	1											
mod-y	0.578***	-0.199***	1										
mod-z	0.809***	0.503***	0.125***	1									
finan	0.209***	0.025 0	0.057 0	0.311***	1								
farm	0.395***	0.217***	0.424***	0.103***	-0.058 0	1							
cooper	0.495***	0.355***	0.465***	0.138***	0	0.587***	1						
lead	0.058 0	0.092**	0.228***	0.187***	0.005	-0.116***	-0.420***	1					
logis	0.168***	-0.083**	0.175***	0.248***	0.405***	-0.112***	-0.006 00	-0.022 0	1				
element	0.223***	0.077***	0.101***	0.193***	0.452***	0.019 0	0.101***	-0.007	0.509***	1			
exchan	0.137***	0.062 0	0.016 0	0.185***	0.122***	-0.087**	-0.043 0	0.064*	0.198***	0.102***	1		
intern	0.183***	-0.008 00	0.149***	0.185***	0.097***	-0.127***	0.041 0	0.048 0	0.282***	0.174***	0.291***	1	
elite	0.185***	-0.044 0	0.168***	0.196***	0.260***	-0.084***	0.043 0	0.003 00	0.221***	0.202***	0.298***	0.394***	1
Mean	0.550	0.454	0.453	0.515	0.061	6.438	11.690	2.599	3.510	3.620	4.280	3.480	3.871
Std. Dev.	0.175	0.160	0.140	0.224	0.171	0.656	0.418	0.800	0.818	0.758	0.848	0.918	0.995
N	15	15	15	15	15	15	15	15	687	687	687	687	687

注：+$p<0.10$，* $p<0.05$，** $p<0.01$，*** $p<0.001$；双侧检验，farm，cooper 为取对数后的值。

5.3.2　估计结果分析

本书通过构建 ols 模型，借助 Stata15.0 软件，采用宏观数据和微观数据进行匹配的方式对模型参数进行估计。表 5.3 显示了三峡库区农产品流通现代化影响因素的主效应检验，是主效应回归的估计结果。模型控制了不同地区经济因素对模型的影响，同时考虑异方差对模型的影响，参考万广华（2018）的研究，采用稳健标准误法和怀特法对模型进行修正。M0、M1、M2、M3 的被解释变量分别是流通现代化（mod）、流通发展状态现代化（mod-x）、流通主体能力现代化（mod-y）、流通体制现代化（mod-z）。M0、M1、M2、M3 是没用任何修正方法的基准模型，M0r、M1r、M2r、M3r 和 M0w、M1w、M2w、M3w 是分别采用稳健标准误法和怀特法进行修正的模型。由于稳健标准误的修正效果较好，因此本书将以稳健标准误法修正后的结果作为最终的估计结果。模型中的变量为宏观数据和微观数据进行匹配的结果，样本量 $N=687$ 是将农业龙头企业的样本剔除得到的样本数［原因是龙头企业带动能力是将龙头企业的数据按照区（县）的划分，合成为 15 个地区数据，其他变量为家庭农场、种养大户、合作社的调研数据，将此进行宏观数据和微观数据匹配］。

在模型 M0r 中，农民的基础能力对农产品流通现代化的影响显著。其中，互联网技能对农产品流通现代化有显著的正向影响（$\beta=0.017$，$p<0.01$），交换意识对农产品流通现代化有显著的正向影响（$\beta=0.016$，$p<0.01$），精英带动对农产品流通现代化有显著的正向影响（$\beta=0.011$，$p<0.05$）。流通主体发展水平对农产品流通现代化的影响显著。其中，家庭农场发展水平对农产品流通现代化有显著的正向影响（$\beta=0.045$，$p<0.001$），农民专业合作社对农产品流通现代化有显著的正向影响（$\beta=0.211$，$p<0.001$），农业龙头企业的带动能力对农产品流通现代化有显著的正向影响（$\beta=0.142$，$p<0.001$）。农民专业合作社发展水平和农业龙头企业的带动能力的系数 β 分别为 0.211 和 0.142，比其他变量的系数较大，说明三峡库区农民专业合作社和龙头企业对农产品流通现代化的拉动作用略大，这与我们第 4 章指标体系中农民专业合作社所占权重较大相吻合。地区要素市场对农产品流通现代化有正向影响（$\beta=0.007$，$p>0.01$），但不显著，并且系数 β 较小。可能的原因是生产要素在向农产品转化的过程中还受到其他因素的影响，因此单纯的生产要素获取对农产品流通现代化影响不显著。地区物流条件对农产品现代化有显著的正向影响（$\beta=0.014$，$p<0.05$）。地区金融支持对农产品流通现代化有显著的正向影响（$\beta=0.021$，$p<0.001$）。

表 5.3　三峡库区农产品流通现代化影响因素的主效应检验

变量	M0	M0r	M0w	M1	M1r	M1w	M2	M2r	M2w	M3	M3r	M3w
finan	0.021***	0.021***	0.024***	0.011**	0.011**	0.009**	-0.002	0.003*	-0.002	0.044***	0.044***	0.025***
	(0.005)	(0.005)	(0.005)	(0.005)	(0.005)	(0.004)	(0.005)	(0.002)	(0.004)	(0.008)	(0.007)	(0.005)
farm	0.045***	0.045***	0.050***	0.040***	0.040***	0.006	0.074***	0.050***	0.074***	0.02	0.02	-0.014
	(0.011)	(0.012)	(0.014)	(0.011)	(0.013)	(0.014)	(0.009)	(0.009)	(0.011)	(0.015)	(0.017)	(0.015)
cooper	0.211***	0.211***	0.214***	0.229***	0.229***	0.173***	0.079***	0.164***	0.079***	0.120***	0.120***	0.126***
	(0.018)	(0.018)	(0.018)	(0.018)	(0.023)	(0.027)	(0.015)	(0.018)	(0.019)	(0.026)	(0.031)	(0.028)
lead	0.142***	0.142***	0.144***	0.118***	0.118***	0.078***	0.0001	0.132***	0.001	0.216***	0.216***	0.224***
	(0.017)	(0.015)	(0.016)	(0.017)	(0.017)	(0.017)	(0.014)	(0.017)	(0.016)	(0.025)	(0.023)	(0.020)
logis	0.014*	0.014*	-0.003	0.025***	0.025***	0.008	0.034***	0.017***	0.034***	0.001	0.001	-0.001
	(0.008)	(0.008)	(0.009)	(0.008)	(0.008)	(0.006)	(0.007)	(0.003)	(0.006)	(0.011)	(0.012)	(0.011)
element	0.007	0.007	0.008	0.024***	0.024***	0.007	0.016	0.009	0.016*	0.021*	0.021*	0.007
	(0.008)	(0.008)	(0.008)	(0.008)	(0.008)	(0.006)	(0.007)	(0.003)	(0.007)	(0.012)	(0.013)	(0.011)
exchan	0.016**	0.016**	0.018***	0.009	0.009	0.013**	-0.002	0.004**	-0.002	0.034***	0.034***	0.034***
	(0.007)	(0.006)	(0.005)	(0.007)	(0.007)	(0.005)	(0.006)	(0.002)	(0.005)	(0.010)	(0.009)	(0.006)
intern	0.017**	0.017*	0.011*	0.015**	0.015**	-0.003	0.015***	0.015***	0.015***	0.019**	0.019**	0.019**
	(0.006)	(0.006)	(0.006)	(0.007)	(0.007)	(0.005)	(0.006)	(0.002)	(0.006)	(0.009)	(0.010)	(0.008)
elite	0.011*	0.011*	0.007	0.015**	0.015**	0.013**	0.018***	0.006***	0.018***	0.010 0	0.010 0	0.000 1
	(0.006)	(0.006)	(0.005)	(0.006)	(0.006)	(0.005)	(0.005)	(0.002)	(0.005)	(0.009)	(0.009)	(0.007)
控制	控制	控制	控制	控制	控制	控制	控制	控制	控制	控制	控制	控制
_cons	-2.708***	-2.708***	-2.781***	-0.701***	-0.701***	0.759***	-1.701***	-3.026***	-1.701***	-2.270***	-2.270***	-2.230***
	(0.227)	(0.178)	(0.164)	(0.227)	(0.261)	(0.254)	(0.193)	(0.175)	(0.232)	(0.328)	(0.334)	(0.283)
N	687	687	687	687	687	687	687	687	687	687	687	687
R²	0.416	0.416	0.436	0.302	0.302	0.506	0.343	0.624	0.343	0.252	0.252	0.356

注：* $p<0.05$，** $p<0.01$，*** $p<0.001$。

在模型 M1r 至模型 M3r 中，互联网使用强度对农产品流通状态现代化的影响不显著（$\beta = -0.004$，$p > 0.01$），交换意识对农产品流通状态现代化的影响不显著（$\beta = 0.009$，$p > 0.01$）。地区要素市场对农产品流通发展状态现代化有显著的正向影响（$\beta = 0.024$，$p < 0.001$）；精英带动、家庭农场发展水平、地区物流条件对农产品流通体制现代化的影响不显著（$\beta = 0.01$，$p > 0.01$；$\beta = 0.002$，$p > 0.01$；$\beta = 0.001$，$p > 0.01$）。在更换被解释变量后，一些对农产品流通现代化影响显著的变量对农产品流通发展状态现代化、农产品流通主体能力现代化、农产品流通体制现代化发生了不同程度的不显著，可能的原因是农产品流通现代化是由农产品流通发展状态现代化、农产品流通主体能力现代化、农产品流通体制现代化构成的，三者可能还存在其他影响因素共同作用，因此造成了一些变量的不显著。

5.3.3　稳健性检验

本书通过更严格地缩减样本重估的方式进行稳健性检验。具体方法是将样本中属于重庆市主城九区的渝北区和巴南区剔除，剔除之后对样本进行重新估计。其原因是，渝北区和巴南区属于重庆市主城都市圈，受到的经济辐射影响以及政府政策支持的力度与其他区（县）差距较大，其经济发展程度和产业结构与其他区（县）迥异。例如，2018 年，渝北区第一产业的比重仅为 1.54%，其政府扶持的主导产业为高科技制造业和服务业，这对农产品流通现代化的估计可能会产生偏差。因此，本书将渝北区和巴南区的样本剔除，剔除后的样本数为 623，并对其进行了重新估计（见表 5.4）。

估计后的结果与主效应的结果基本一致，地区要素市场对流通现代化的影响依然不显著，农民专业合作社发展水平和农业龙头企业的带动能力的系数 β 依然较大，分别为 0.184 和 0.117，表明本书研究的主效应估计是稳健的。

表 5.4　三峡库区产品流通现代化影响因素稳健性检验

变量	M0	M0r	M0w	M1	M1r	M1w	M2	M2r	M2w	M3	M3r	M3w
finan	0.025***	0.025***	0.024***	0.016***	0.016***	0.008*	-0.001	-0.001	0.004**	0.046***	0.046***	0.024***
	(0.006)	(0.005)	(0.005)	(0.005)	(0.005)	(0.004)	(0.004)	(0.004)	(0.002)	(0.009)	(0.008)	(0.006)
farm	0.029***	0.029***	0.019*	-0.019*	-0.019	-0.038***	-0.038***	-0.038***	0.029***	0.023	0.023	-0.029*
	(0.011)	(0.011)	(0.011)	(0.010)	(0.012)	(0.014)	(0.008)	(0.009)	(0.009)	(0.016)	(0.018)	(0.016)
cooper	0.184***	0.184***	0.210***	0.261***	0.261***	0.274***	0.025*	0.025*	0.065***	0.117***	0.117***	0.076***
	(0.018)	(0.018)	(0.017)	(0.018)	(0.022)	(0.027)	(0.013)	(0.019)	(0.018)	(0.027)	(0.032)	(0.029)
lead	0.117***	0.117***	0.170***	0.180***	0.180***	0.187***	-0.064***	-0.064***	0.061***	0.202***	0.202***	0.079***
	(0.018)	(0.015)	(0.018)	(0.017)	(0.015)	(0.021)	(0.013)	(0.014)	(0.014)	(0.027)	(0.025)	(0.022)
logis	0.007*	0.007*	0.002*	-0.020**	-0.020**	-0.014**	0.021***	0.021***	0.016***	0.002	0.002	-0.012
	(0.008)	(0.009)	(0.009)	(0.008)	(0.008)	(0.007)	(0.006)	(0.006)	(0.003)	(0.013)	(0.013)	(0.013)
element	0.008	0.008	0.010 0	0.026***	0.026***	0.006	-0.018***	-0.018***	-0.009***	0.024*	0.024*	0.011
	(0.009)	(0.009)	(0.008)	(0.008)	(0.008)	(0.007)	(0.006)	(0.005)	(0.003)	(0.013)	(0.014)	(0.012)
exchan	0.023***	0.023***	0.028***	0.015**	0.015**	0.011*	0.002	0.002	-0.000 1	0.036***	0.036***	0.027***
	(0.007)	(0.006)	(0.005)	(0.007)	(0.006)	(0.006)	(0.005)	(0.004)	(0.002)	(0.011)	(0.010)	(0.008)
intern	0.017**	0.017**	0.012*	-0.008	-0.008	-0.003	0.016***	0.016***	0.013***	0.021*	0.021***	0.032***
	(0.007)	(0.007)	(0.007)	(0.006)	(0.007)	(0.005)	(0.005)	(0.006)	(0.003)	(0.010)	(0.011)	(0.008)
elite	0.006*	0.006*	0.006*	-0.010	-0.010	-0.015***	0.008*	0.008*	0.005**	0.012	0.012	-0.004
	(0.006)	(0.006)	(0.006)	(0.006)	(0.006)	(0.005)	(0.005)	(0.004)	(0.002)	(0.010)	(0.010)	(0.009)
控制	控制	控制	控制	控制	控制	控制	控制	控制	控制	控制	控制	控制
_cons	-2.738***	-2.738***	-3.039***	-0.985***	-0.985***	-0.199	-1.617***	-1.617***	-1.868***	-2.185***	-2.185***	-1.558***
	(0.230)	(0.198)	(0.185)	(0.220)	(0.255)	(0.241)	(0.161)	(0.235)	(0.161)	(0.342)	(0.341)	(0.292)
N	623	623	623	623	623	623	623	623	623	623	623	623
R^2	0.346	0.346	0.402	0.387	0.387	0.543	0.404	0.404	0.605	0.231	0.231	0.181

注：* $p<0.05$，** $p<0.01$，*** $p<0.001$。

5.3.4　异质性分析

5.3.4.1　基于重点库区与非重点库区的考量

异质性分析——基于重点库区与非重点库区的考量主要是根据三峡库区的特性，从重点库区与非重点库区的角度进行考量。其中，重点库区包括万州区、涪陵区、开州区、云阳县、丰都县、忠县、奉节县、巫山县，共有 444 个样本。非重点库区包括渝北区、巴南区、江津区、长寿区、石柱县、武隆区、巫溪县，共有 234 个样本。总体来看，重点库区的农业基础较好，农产品流通现代化水平较高；非重点库区的农产品流通现代化水平相对较低。

表 5.5 显示了三峡库区农产品流通现代化异质性检验，是对农产品流通现代化的估计结果。M0r 是全样本模型，M1r 和 M2r 是稳健标准误修正后的分样本回归模型。分样本回归后，重点库区的地区要素市场对农产品流通现代化具有显著的正向影响（$\beta=0.017$，$p<0.05$），而非重点库区的地区要素市场对农产品流通现代化的影响依然不显著（$\beta=0.011$，$p>0.01$）。可能的原因是，重点库区的农业基础好，第一产业占比较高，对农业生产要素的需求较高；非重点库区中存在渝北区、巴南区这种第一产业占比较低的区（县），对农业生产要素的需求相对较低。地区金融支持对重点库区的农产品流通现代化的影响依然显著（$\beta=0.010$，$p<0.05$），但是对非重点库区的农产品流通现代化的影响不显著（$\beta=-0.004$，$p>0.01$）。可能的原因是，重点库区受到了更多的农业金融支持的影响。重点库区与非重点库区相比会受到更多的移民政策、农业政策的倾斜。农民专业合作社发展水平对三峡库区重点库区和非重点库区农产品流通现代化都有显著的正向影响（$\beta=0.451$，$p<0.001$；$\beta=0.193$，$p<0.001$），农民专业合作社发展水平的系数 β，无论是在重点库区还是在非重点库区都较大，分别为 0.451 和 0.193，说明农民专业合作社在重点库区对农产品流通现代化的拉动力度更大。农业龙头企业的带动能力对三峡库区重点库区和非重点库区农产品流通现代化都有显著的正向影响（$\beta=0.091$，$p<0.001$；$\beta=0.312$，$p<0.001$）。但是，非重点库区农业龙头企业的带动能力系数 $\beta=0.312$，大于重点库区农业龙头企业的带动能力系数 $\beta=0.091$，说明非重点库区农业龙头企业的带动能力对农产品流通现代化的拉动作用要大于重点库区农业龙头企业的带动能力对农产品流通现代化的拉动。因此，不同流通主体的发展水平对重点库区和非重点库区的农产品流通现代

化影响程度不同，重点库区的农产品流通现代化主要依靠农民专业合作社带动，非重点库区的农产品流通现代化主要依靠农业龙头企业带动，这可能与重点库区和非重点库区的农业发展基础、产业结构以及经济发展水平的不同有一定的关系。

表 5.5　三峡库区农产品流通现代化异质性检验

变量	M0r	M1r	M2r	M1w	M2w
finan	0.021^{***}	0.010^{*}	-0.004	0.012^{**}	0.001
	(0.005)	(0.006)	(0.007)	(0.006)	(0.006)
farm	0.045^{***}	0.088^{***}	0.075^{***}	0.077^{***}	0.046^{***}
	(0.012)	(0.017)	(0.014)	(0.026)	(0.009)
cooper	0.211^{***}	0.451^{***}	0.193^{***}	0.436^{***}	0.250^{***}
	(0.018)	(0.025)	(0.031)	(0.015)	(0.032)
lead	0.142^{***}	0.091^{***}	0.312^{***}	0.087^{***}	0.348^{***}
	(0.015)	(0.020)	(0.030)	(0.011)	(0.026)
logis	0.014^{*}	0.012	0.044^{***}	0.006	0.025^{***}
	(0.008)	(0.009)	(0.010)	(0.010)	(0.008)
element	0.007	0.017^{*}	0.011	-0.016	0.005
	(0.008)	(0.009)	(0.012)	(0.010)	(0.009)
exchan	0.016^{***}	0.018^{**}	0.022^{**}	0.018^{***}	-0.014^{**}
	(0.006)	(0.007)	(0.009)	(0.007)	(0.007)
intern	0.017^{**}	0.029^{***}	0.017^{*}	0.027^{***}	-0.013^{**}
	(0.006)	(0.007)	(0.009)	(0.007)	(0.006)
elite	0.011^{*}	0.003^{*}	0.029^{***}	0.003	0.015^{**}
	(0.006)	(0.006)	(0.009)	(0.006)	(0.006)
控制	控制	控制	控制	控制	控制
_cons	-2.708^{***}	-4.883^{***}	-2.951^{***}	-4.678^{***}	-3.186^{***}
	(0.178)	(0.286)	(0.362)	(0.180)	(0.337)
N	687	473	214	473	214
R^2	0.416	0.559	0.618	0.546	0.721

注：$+p<0.10$，$^{*}p<0.05$，$^{**}p<0.01$，$^{***}p<0.001$。

表 5.6、表 5.7、表 5.8 分别是对三峡库区农产品流通发展状态现代化、流通主体能力现代化、流通体制现代化的分组异质性检验。M1r 是重点库区的稳健标准误修正后的回归模型，M2r 是非重点库区稳健标准误修正后的回归模型。

表 5.6　三峡库区农产品流通发展状态现代化异质性检验

变量	M0r	M1r	M2r	M1w	M2w
finan	0.011 **	0.002	−0.010 *	−0.004 **	−0.001
	(0.005)	(0.005)	(0.006)	(0.002)	(0.001)
farm	0.040 ***	0.103 ***	0.083 ***	0.051 **	0.099 ***
	(0.013)	(0.020)	(0.007)	(0.025)	(0.002)
cooper	0.229 ***	0.567 ***	0.062 ***	0.495 ***	0.072 ***
	(0.023)	(0.011)	(0.018)	(0.014)	(0.015)
lead	0.118 ***	0.303 ***	0.072 ***	0.265 ***	0.107 ***
	(0.017)	(0.008)	(0.025)	(0.005)	(0.022)
logis	0.025 ***	0.019 ***	−0.009	−0.013 ***	−0.001 *
	(0.008)	(0.007)	(0.008)	(0.003)	(0.001)
element	0.024 ***	0.008	0.011	0.010 ***	0.001
	(0.008)	(0.007)	(0.009)	(0.002)	(0.001)
exchan	0.009	0.011 **	−0.008	−0.001	−0.001
	(0.007)	(0.005)	(0.008)	(0.002)	(0.001)
intern	−0.004	0.004	0.003	−0.006 ***	0.001
	(0.007)	(0.005)	(0.006)	(0.002)	(0.001)
elite	0.015 **	0.013 ***	−0.008	−0.004 **	−0.001
	(0.006)	(0.005)	(0.008)	(0.002)	(0.001)
控制	控制	−控制	控制	控制	控制
_cons	−0.701 ***	−2.727 ***	−0.438	−2.625 ***	−0.547 *
	(0.261)	(0.134)	(0.290)	(0.202)	(0.293)
N	687	473	214	473	214
R²	0.302	0.758	0.680	0.946	0.987

注：+p<0.10，* p<0.05，** p<0.01，*** p<0.001。

表 5.7　三峡库区农产品流通主体能力现代化异质性检验

变量	M0r	M1r	M2r	M1w	M2w
finan	−0.002	0.007 **	0.001	−0.004 **	−0.001
	(0.004)	(0.003)	(0.008)	(0.002)	(0.001)
farm	0.074 ***	0.195 ***	−0.051 ***	0.051 **	0.099 ***
	(0.011)	(0.010)	(0.016)	(0.025)	(0.002)
cooper	0.079 ***	−0.094 ***	0.276 ***	0.495 ***	0.072 ***
	(0.019)	(0.010)	(0.038)	(0.014)	(0.015)
lead	0.001	−0.130 ***	0.087 **	0.265 ***	0.107 ***
	(0.016)	(0.005)	(0.034)	(0.005)	(0.022)

表5.7(续)

变量	M0r	M1r	M2r	M1w	M2w
logis	0.034 ***	0.009 **	0.059 ***	−0.013 ***	−0.001 *
	(0.006)	(0.004)	(0.012)	(0.003)	(0.001)
element	−0.016 **	−0.013 ***	0.008	0.010 ***	0.001
	(0.007)	(0.004)	(0.015)	(0.002)	(0.001)
exchan	−0.002	0.003	−0.024 **	−0.001	−0.001
	(0.005)	(0.003)	(0.012)	(0.002)	(0.001)
intern	0.015 ***	0.014 ***	−0.022 *	−0.006 ***	0.001
	(0.006)	(0.003)	(0.012)	(0.002)	(0.001)
elite	0.018 ***	0.005 *	0.039 ***	−0.004 **	−0.001
	(0.005)	(0.003)	(0.009)	(0.002)	(0.001)
控制	控制	控制	控制	控制	控制
_cons	−1.701 ***	−1.029 ***	−1.954 ***	−2.625 ***	−0.547 *
	(0.232)	(0.105)	(0.411)	(0.202)	(0.293)
N	687	473	214	473	214
R^2	0.343	0.738	0.421	0.946	0.987

注：+$p<0.10$，* $p<0.05$，** $p<0.01$，*** $p<0.001$。

表 5.8　三峡库区流通体制现代化异质性检验

变量	M0r	M1r	M2r	M1w	M2w
finan	0.044 ***	0.011 *	0.001	−0.004 **	−0.001
	(0.007)	(0.007)	(0.002)	(0.002)	(0.001)
farm	0.020	−0.024	0.182 ***	0.051 **	0.099 ***
	(0.017)	(0.027)	(0.003)	(0.025)	(0.002)
cooper	0.120 ***	0.648 ***	−0.092 ***	0.495 ***	0.072 ***
	(0.031)	(0.022)	(0.007)	(0.014)	(0.015)
lead	0.216 ***	0.127 ***	0.523 ***	0.265 ***	0.107 ***
	(0.023)	(0.014)	(0.008)	(0.005)	(0.022)
logis	0.001	0.033 ***	0.012 ***	−0.013 ***	−0.001 *
	(0.012)	(0.011)	(0.002)	(0.003)	(0.001)
element	0.021 *	−0.025 **	−0.001	0.010 ***	0.001
	(0.013)	(0.011)	(0.003)	(0.002)	(0.001)
exchan	0.034 ***	0.027 ***	−0.003	−0.001	−0.001
	(0.009)	(0.007)	(0.003)	(0.002)	(0.001)
intern	0.019 *	0.040 ***	−0.004 *	−0.006 ***	0.001
	(0.010)	(0.008)	(0.002)	(0.002)	(0.001)

表5.8(续)

变量	M0r	M1r	M2r	M1w	M2w
elite	0.010	0.011	0.008 ***	−0.004 **	−0.001
	(0.009)	(0.007)	(0.002)	(0.002)	(0.001)
控制	控制	控制	控制	控制	控制
_cons	−2.270 ***	−6.549 ***	−2.691 ***	−2.625 ***	−0.547 *
	(0.334)	(0.248)	(0.066)	(0.202)	(0.293)
N	687	473	214	473	214
R^2	0.252	0.618	0.984	0.946	0.987

注：$+p<0.10$，$^*p<0.05$，$^{**}p<0.01$，$^{***}p<0.001$。

5.3.4.2 基于行政级别区别的考量

异质性分析——基于行政级别区别的考量主要是根据三峡库区各区（县）行政级别的划分，从各区（县）行政级别的区别进行考量。三峡库区各区（县）行政级别不同，其经济规模、人口规模、政策福利等也不同，可能会对农产品流通现代化产生不一样的影响。其中，区级包括万州区、涪陵区、开州区、渝北区、巴南区、江津区、长寿区，共有360个样本。县级包括云阳县、丰都县、忠县、奉节县、巫山县、石柱县、武隆区、巫溪县，共有327个样本。总体来看，区级地区经济基础较好、行政级别较高。县级地区经济发展水平相对落后，第一产业占比较高。

表5.9显示了三峡库区农产品流通现代化异质性检验，是对农产品流通现代化的估计结果。M0r是全样本模型，M1r和M2r是稳健标准误修正后的分样本回归模型。分样本回归后，县级地区的要素市场对农产品流通现代化具有显著的正向影响（$\beta=0.010$，$p<0.05$），而区级地区的要素市场对农产品流通现代化的影响依然不显著（$\beta=0.001$，$p>0.01$）。可能的原因是，县级地区经济发展相对落后，行政级别较低，政策红利较少，导致农业占比较高，对农业生产要素的需求较高；区级地区经济发展水平相对较高，受政策红利的影响，主要发展轻工业和旅游业等服务业，对农业生产要素的需求相对较低。地区金融支持对县级地区的农产品流通现代化的影响依然显著（$\beta=0.008$，$p<0.001$），但是对区级地区的农产品流通现代化的影响不显著（$\beta=-0.004$，$p>0.01$）。可能的原因是，县级地区农业占比更高，更容易受到更多的农业金融支持的影响，县级地区与区级地区相比会受到更多的农业政策的倾斜。家庭农场发展水平、农民专业合作社发展水平和农业龙头企业带动能

力对三峡库区的区级地区和县级地区的农产品流通现代化都有显著的正向影响。区级地区和县级地区的互联网使用强度、精英带动都对农产品流通现代化有显著的正向影响（$\beta=1.201$，$p<0.01$；$\beta=0.012$，$p<0.05$；$\beta=1.107$，$p<0.01$；$\beta=0.002$，$p<0.05$）。区别在于，区级地区的互联网使用强度的系数$\beta=1.201$大于县级地区的互联网使用强度的系数$\beta=0.012$；区级地区的精英带动的系数$\beta=1.107$大于县级地区的精英带动的系数$\beta=0.002$。可能的原因是，区级地区由于行政级别较高，受政策红利的影响，其互联网基础设施水平和农民素质相对于县级地区较高，因此在区级地区互联网使用强度和精英带动对农产品流通现代化的影响更大。

表 5.9 三峡库区农产品流通现代化异质性检验

变量	M0r	M1r	M2r	M1w	M2w
finan	0.021 ***	0.004	0.008 ***	0.003	0.003 ***
	(0.005)	(0.003)	(0.003)	(0.003)	(0.001)
farm	0.045 ***	0.325 ***	1.100 ***	0.322 ***	−1.142 ***
	(0.012)	(0.011)	(0.029)	(0.006)	(0.007)
cooper	0.211 ***	0.334 ***	0.052 ***	−0.337 ***	0.072 ***
	(0.018)	(0.020)	(0.010)	(0.007)	(0.015)
lead	0.142 ***	0.053 ***	2.617 ***	0.048 ***	2.741 ***
	(0.015)	(0.006)	(0.058)	(0.007)	(0.012)
logis	0.014 *	0.007 *	−0.010 **	0.005	−0.004 ***
	(0.008)	(0.004)	(0.004)	(0.004)	(0.001)
element	0.007	0.001	0.010 **	0.002	0.003 **
	(0.008)	(0.004)	(0.005)	(0.004)	(0.001)
exchan	0.016 ***	0.011 **	0.015 *	−0.001	−0.002
	(0.006)	(0.003)	(0.004)	(0.003)	(0.001)
intern	0.017 **	1.201 **	0.012 *	−0.001	0.001
	(0.006)	(0.021)	(0.003)	(0.003)	(0.001)
elite	0.011 *	1.107 **	0.002 *	0.007 *	−0.001
	(0.006)	(0.027)	(0.003)	(0.004)	(0.001)
控制	控制	控制	控制	控制	控制
_cons	−2.708 ***	6.787 ***	16.421 ***	6.915 ***	16.422 ***
	(0.178)	(0.225)	(0.577)	(0.150)	(0.417)
N	687	360	327	360	327
R^2	0.416	0.940	0.913	0.942	0.980

注：$+p<0.10$，$^{*}p<0.05$，$^{**}p<0.01$，$^{***}p<0.001$。

综上所述，行政级别的区别在一定程度上会对三峡库区农产品流通现代化产生影响。

表 5.10、表 5.11、表 5.12 分别是对三峡库区农产品流通发展状态现代化、流通主体能力现代化、流通体制现代化的分组异质性检验。M1r 是重点库区的稳健标准误修正后的回归模型，M2r 是非重点库区稳健标准误修正后的回归模型。

表 5.10　三峡库区农产品流通发展状态现代化异质性检验

变量	M0r	M1r	M2r	M1w	M2w
finan	0.011**	0.015***	0.014**	-0.001	0.001***
	(0.005)	(0.005)	(0.006)	(0.001)	(0.001)
farm	-0.040***	-0.018	0.692***	0.017**	0.958***
	(0.013)	(0.017)	(0.042)	(0.008)	(0.008)
cooper	0.229***	0.111***	0.259***	0.066***	0.252***
	(0.023)	(0.031)	(0.035)	(0.016)	(0.031)
lead	0.118***	0.008	1.852***	0.092***	2.401***
	(0.017)	(0.017)	(0.110)	(0.010)	(0.012)
logis	-0.025***	0.001	0.021**	0.001	0.001*
	(0.008)	(0.008)	(0.008)	(0.001)	(0.001)
element	0.024***	-0.006	0.020**	0.001	0.001**
	(0.008)	(0.008)	(0.009)	(0.001)	(0.001)
exchan	0.009	-0.007	0.006	0.001	0.001
	(0.007)	(0.006)	(0.006)	(0.001)	(0.001)
intern	0.004	0.012*	0.008	0.001	0.001**
	(0.007)	(0.007)	(0.007)	(0.001)	(0.001)
elite	0.015**	0.004	0.005	0.001	0.001
	(0.006)	(0.007)	(0.005)	(0.001)	(0.001)
控制	控制	控制	控制	控制	控制
_cons	-0.701***	1.782***	8.403***	2.321***	12.896***
	(0.261)	(0.359)	(0.865)	(0.144)	(0.660)
N	687	360	327	360	327
R^2	0.302	0.425	0.679	0.868	0.988

注：$+p<0.10$，$^*p<0.05$，$^{**}p<0.01$，$^{***}p<0.001$。

表 5.11 三峡库区农产品流通主体能力现代化异质性检验

变量	M0r	M1r	M2r	M1w	M2w
finan	−0.002	0.001	0.015***	−0.001	0.001***
	(0.004)	(0.007)	(0.004)	(0.001)	(0.001)
farm	0.074***	0.291***	0.465***	0.017**	0.958***
	(0.011)	(0.013)	(0.031)	(0.008)	(0.008)
cooper	0.079***	0.305***	0.034	0.066***	0.252***
	(0.019)	(0.015)	(0.024)	(0.016)	(0.031)
lead	0.001	0.006	0.990***	0.092***	2.401***
	(0.016)	(0.015)	(0.074)	(0.010)	(0.012)
logis	0.034***	0.015	0.016**	−0.001	0.001*
	(0.006)	(0.010)	(0.006)	(0.001)	(0.001)
element	0.016**	0.004	0.017**	0.001	0.001**
	(0.007)	(0.009)	(0.007)	(0.001)	(0.001)
exchan	−0.002	−0.008	0.010*	−0.001	−0.001
	(0.005)	(0.007)	(0.006)	(0.001)	(0.001)
intern	0.015***	0.002	−0.002	−0.001	0.001**
	(0.006)	(0.008)	(0.005)	(0.001)	(0.001)
elite	0.018***	0.019**	0.002	−0.001	−0.001
	(0.005)	(0.008)	(0.004)	(0.001)	(0.001)
控制	控制	控制	控制	控制	控制
_cons	−1.701***	3.681***	9.957***	2.321***	12.896***
	(0.232)	(0.332)	(0.674)	(0.144)	(0.660)
N	687	360	327	360	327
R^2	0.343	0.605	0.348	0.868	0.988

注：$+p<0.10$，$^*p<0.05$，$^{**}p<0.01$，$^{***}p<0.001$。

表 5.12 三峡库区流通体制现代化异质性检验

变量	M0r	M1r	M2r	M1w	M2w
finan	0.044***	0.024***	0.031***	−0.001	0.001***
	(0.007)	(0.005)	(0.008)	(0.001)	(0.001)
farm	0.020	0.286***	1.082***	0.017**	−0.958***
	(0.017)	(0.015)	(0.062)	(0.008)	(0.008)
cooper	0.120***	0.384***	0.092**	0.066***	0.252***
	(0.031)	(0.027)	(0.042)	(0.016)	(0.031)
lead	0.216***	0.126***	2.562***	−0.092***	2.401***
	(0.023)	(0.011)	(0.136)	(0.010)	(0.012)

表5.12(续)

变量	M0r	M1r	M2r	M1w	M2w
logis	0.001	−0.011	0.030**	−0.001	−0.001*
	(0.012)	(0.009)	(0.012)	(0.001)	(0.001)
element	0.021*	0.001	0.032**	0.001	0.001**
	(0.013)	(0.009)	(0.013)	(0.001)	(0.001)
exchan	0.034***	0.022***	−0.023**	−0.001	−0.001
	(0.009)	(0.006)	(0.011)	(0.001)	(0.001)
intern	0.019*	0.008	0.001	−0.001	0.001**
	(0.010)	(0.007)	(0.010)	(0.001)	(0.001)
elite	0.010	−0.012	−0.003	−0.001	−0.001
	(0.009)	(0.008)	(0.009)	(0.001)	(0.001)
控制	控制	控制	控制	控制	控制
_cons	−2.270***	8.410***	13.346***	2.321***	12.896***
	(0.334)	(0.354)	(1.344)	(0.144)	(0.660)
N	687	360	327	360	327
R^2	0.252	0.801	0.631	0.868	0.988

注：$+p<0.10$，$*p<0.05$，$**p<0.01$，$***p<0.001$。

5.3.5 进一步分析

在上述分析中，本书分别验证了农民的基础能力、地区流通主体发展水平、地区物流水平、地区要素市场和地区金融支持对农产品流通现代化的影响，为了更深层次地探究农产品流通现代化的影响机理，本部分将进一步探讨农民基础能力、地区流通主体发展水平和地区物流条件对农产品流通现代化的影响机理。

5.3.5.1 互联网基础设施的调节作用[①]

本书通过5.3.2中的主效应分析发现，农民的互联网使用强度对农产品流通现代化有显著的正向影响。互联网基础设施作为农村开展电子商务的必要条件，互联网基础设施水平不仅会间接影响农产品流通现代化的发展，也在一定程度上影响农民互联网使用对农产品流通现代化的促进作用的发挥。三峡库区农村互联网基础设施水平参差不齐，互联网基础设施发挥的作用也

---

① 为了保证模型的稳定性，本书调节作用均先对被解释变量、解释变量、调节变量中心化，之后再计算交互项。

不一样。因此，本书选取互联网基础设施作为调节变量，同时控制农民受教育程度（edu）、年龄（age）、家庭结构（family）、行业（industry）、从业年限（year）来验证互联网基础设施在农民互联网使用对农产品流通现代化影响中的调节作用。其中，农产品流通现代化（mod）为被解释变量，农民互联网使用强度（intern）为解释变量，互联网基础设施（infrast）为调节变量。互联网基础设施（infrast）主要利用调研数据从宽带入户、网络信号和网速三个方面进行考察。问卷用"您家或您身边的人的家中已经安装了宽带入户""您在您所在的地区接收到的网络信号（手机或电脑）良好""您或您身边的人在进行日常上网时网速可以满足您或您身边的人的需要"来衡量，采用五级李克特量表，1~5分别表示非常不同意、不同意、不一定、比较同意、非常同意。笔者使用Spss 23.0统计软件进行探索性因子分析，结果显示量表的KMO为0.801，累计解释方差能力达72.36%；Bartlett球形检验值显著（$p = 0.000$），即该变量适宜做因子分析；信度系数Cronbach α为0.823，表明量表具有良好的信度和效度。互联网基础设施的调节作用检验如表5.13所示。检验结果显示，互联网基础设施（infrast）对农产品流通现代化有显著的正向影响（$\beta = 0.006$，$p < 0.01$），互联网基础设施和农民互联网使用强度的交互项（intern×infras）正向显著（$\beta = 0.036$，$p < 0.001$），说明互联网基础设施水平越高，农民互联网使用强度对农产品流通现代化的正向影响越大。

表5.13　互联网基础设施的调节作用检验

变量	Mod 1	Mod 2
age	0.001	0.001
	(0.001)	(0.001)
edu	0.022**	0.021**
	(0.008)	(0.008)
family	−0.011	−0.019*
	(0.011)	(0.011)
industry	0.001	−0.001
	(0.004)	(0.004)
year	0.002*	0.005
	(0.006)	(0.006)

表5.13(续)

变量	Mod 1	Mod 2
intern	0.022**	0.021
	(0.008)	(0.008)
infrast	0.009*	0.006**
	(0.007)	(0.006)
intern×infrast		0.036***
		(0.006)
_cons	0.448***	0.449***
	(0.067)	(0.065)
F	3.677***	8.019***
N	687	687
R^2	0.041	0.096

注：$+p<0.10$，$^*p<0.05$，$^{**}p<0.01$，$^{***}p<0.001$。

5.3.5.2 创业氛围的调节作用

本书通过5.3.2中的主效应分析发现，精英带动对农产品流通现代化有显著的正向影响。精英带动会使得一些能力较弱、资源较少的农民在技术型、管理型人才的带动下提高农产品销售的效率，但对农民的创业意识无法形成根本上的改变。对于整体素质相对较低的农民来说，"模仿"和"效仿"是自我学习的重要渠道。因此，农民的身边有一定的创业氛围，或者有成功创业的典型，可以激发农民进行农产品销售的热情，增强农民对创业可行性的感知，使农民通过"模仿"和"效仿"，采用先进、可行的销售模式。创业氛围在精英带动与农产品流通现代化之间可能起到调节作用。本书选取创业氛围（atmo）作为调节变量，同时控制农民受教育程度（edu）、年龄（age）、家庭结构（family）、行业（industry）、从业年限（year）来验证创业氛围在精英带动（elite）对农产品流通现代化（mod）影响中的调节作用。创业氛围（atmo）主要借鉴朱红根等（2015）的研究。问卷用"您身边有成功的创业榜样可以效仿""您当地有很多农民创业成功""您创业会得到家人的支持"来衡量，采用五级李克特量表，1~5分别表示非常不同意、不同意、不一定、比较同意、非常同意。笔者使用Spss 23.0统计软件进行探索性因子分析，结果显示量表的KMO为0.878，累计解释方差能力达78.36%；Bartlett球形检验值显著（$p = 0.000$），即该变量适宜做因子分析；信度系数 Cronbach α 为 0.855，表明量表具有良好的信度和效度。创业氛围的调节作用检验如表 5.14 所示。检验结果显示，创业氛围（atmo）对农产品流通现代化有显著的正向影响（$\beta = 0.039$，$p < 0.001$），精英带动和创业氛围的交互项（elite×atmo）正向显著（$\beta = 0.059$，$p < 0.001$），说明创业氛围越好，精英带动对农产品流通现代化的正向影响越大。

表 5.14　创业氛围的调节作用检验

变量	Mod 1	Mod 2
age	0.001	0.001
	(0.001)	(0.001)
edu	0.030**	0.024**
	(0.008)	(0.007)
family	−0.015	−0.019*
	(0.011)	(0.010)
industry	0.001	−0.002
	(0.004)	(0.004)
year	0.002	−0.001
	(0.006)	(0.006)
elite	0.020**	0.049***
	(0.008)	(0.008)
atmo	0.036*	0.039***
	(0.007)	(0.006)
elite×atmo		0.059***
		(0.006)
_cons	0.273***	0.178**
	(0.067)	(0.063)
F	8.076***	20.133***
N	687	687
R^2	0.086	0.211

注：$+p < 0.10$，$^* p < 0.05$，$^{**} p < 0.01$，$^{***} p < 0.001$。

5.3.5.3 流通主体协作能力的调节作用

本书通过 5.3.2 中的主效应分析发现，流通主体能力对农产品流通现代化有显著的正向影响，即家庭农场的发展水平、农民专业合作社的发展水平和农业龙头企业的带动能力对农产品流通现代化有显著的正向影响。作为可以带动地区农产品流通现代化的流通主体，家庭农场、农民专业合作社和农业龙头企业之间的协作可以极大提高新型农村经营主体与农民之间的协同、延长产业链、优化农村经济结构，从而提高农产品流通现代化水平。流通主体之间的协作主要体现在两个方面：一方面是同一地区流通主体间的协作，形成农产品原材料采购、加工、销售全产业链发展模式；另一方面不同地区的流通主体间的协作，实现不同区域间的农产品流通。流通主体间的协作具备合理分工、稳定合作的优势，农业龙头企业专注于加工流通，农民专业合作社专注于发挥服务功能，家庭农场专注于生产，各类流通主体发挥各自所长，通过建立稳定的利益联结机制，逐渐形成比较稳定的长期合作关系，共同发展，从而推动地区农产品流通现代化水平的提高。

本书选取流通主体协作能力作为调节变量，同时控制行业（industry）、企业年限（year）、年产值（yield）以及产业结构（ind）、经济规模（econ）等来验证流通主体协作能力在流通主体发展水平对农产品流通现代化影响中的调节作用。其中，农产品流通现代化（mod）为被解释变量，家庭农场发展水平（farm）、农民专业合作社发展水平（cooper）、农业龙头企业带动能力（lead）为解释变量，流通主体协同能力（coodr）为调节变量。流通主体协同能力（coodr）主要利用调研数据进行考察。问卷用"您所在的企业经常与当地的家庭农场/农民专业合作社合作（采购、销售等）""您所在的企业经常与其他地区的家庭农场/农民专业合作社合作（采购、销售等）""您所在的企业经常通过农委或协会等组织与家庭农场/农民专业合作社进行交流、学习或培训"来衡量[①]，采用五级李克特量表，1~5 分别表示非常不同意、不同意、不一定、比较同意、非常同意。笔者使用 Spss 23.0 统计软件进行探索性因子分析，结果显示量表的 KMO 为 0.783，累计解释方差能力达 70.23%；Bartlett 球形检验值显著（$p = 0.000$），即该变量适宜做因子分析；信度系数 Cronbach α 为 0.809，表明量表具有良好的信度和效度。笔者采

---

① 家庭农场问卷和农民专业合作社问卷为在此基础上就对象进行改动，问卷的信度和效度等均通过检验，此处不再赘述。

取分样本回归的方式，将样本对象家庭农场（174 份）、农民专业合作社（120
份）、农业龙头企业（101 份）分别进行回归。流通主体协作能力的调节作用检验
如表 5.15、表 5.16、表 5.17 所示。检验结果显示，家庭农场的协作能力
（f-coodr）对农产品流通现代化的影响不显著（$\beta=0.030$，$p>0.1$），家庭农场的协
作能力和家庭农场的发展水平的交互项（farm×f-coodr）为正向但不显著（$\beta=0.018$，$p>0.1$）。可能的原因是，家庭农场一般是以家庭为单位的农业组织形式，
其规模相对较小，协作能力对促进农产品流通现代化不明显。

表 5.15　流通主体协作能力的调节作用检验（家庭农场）

变量	Mod 1	Mod 2
industry	0.002	0.002
	(0.010)	(0.010)
year	−0.005	−0.006
	(0.013)	(0.013)
yield	−0.005	−0.005
	(0.009)	(0.009)
ind	1.812*	1.784
	(1.127)	(1.128)
econ	−0.206	−0.201
	(0.145)	(0.145)
farm	0.068***	0.069***
	(0.018)	(0.018)
f-coodr	0.030	0.030
	(0.016)	(0.016)
farm×f-coodr		0.018
		(0.021)
_cons	2.682*	2.615*
	(1.730)	(1.734)
F	3.210***	2.982***
N	174	174
R^2	0.182	0.187

注：$+p<0.10$，$*p<0.05$，$**p<0.01$，$***p<0.001$。

农民专业合作社的协作能力（c-coodr）对农产品流通现代化有显著的正向影响（$\beta=0.022$, $p<0.01$），农民专业合作社的协作能力和农民专业合作社的发展水平的交互项（cooper×c-coodr）为正向显著（$\beta=0.197$, $p<0.001$），说明农民专业合作社的协作能力越强，农民专业合作社发展水平对农产品流通现代化的正向影响越大。

表 5.16　流通主体协作能力的调节作用检验（农民专业合作社）

变量	Mod 1	Mod 2
industry	−0.039	0.034
	(0.011)	(0.009)
yield	−0.014	−0.002
	(0.009)	(0.007)
year	−0.008	−0.002
	(0.011)	(0.009)
ind	0.597*	2.280*
	(1.122)	(0.922)
econ	−0.009	0.194
	(0.144)	(0.118)
cooper	0.313***	0.327***
	(0.034)	(0.027)
c-coodr	0.013	0.022*
	(0.015)	(0.012)
cooper×c-coodr		0.197***
		(0.025)
_cons	−3.150*	−5.733***
	(1.906)	(1.558)
F	17.887***	30.950***
N	120	120
R^2	0.635	0.769

注：+$p<0.10$, *$p<0.05$, **$p<0.01$, ***$p<0.001$。

在模型 2 中，农业龙头企业的协作能力（l-coodr）对农产品流通现代化有显著的正向影响（$\beta=0.020$, $p<0.01$），农业龙头企业的协作能力和农业龙

头企业的带动能力的交互项（lead×1-coodr）影响显著（$\beta = 0.197$，$p <$ 0.001）。模型3中加入了农业龙头企业的协作能力和农业龙头企业带动能力的平方的交互项后，交互项为负向显著（$\beta = -0.101$，$p < 0.001$）。这说明龙头企业的协作能力在农业龙头企业的带动能力对农产品流通现代化的影响中起倒"U"形调节作用，即农业龙头企业的协作能力越强，农业龙头企业带动能力对农产品流通现代化的影响越大，但是当农业龙头企业的协作能力到达一定的阈值之后，将不利于农业龙头企业带动能力对农产品流通现代化的影响。笔者进行简单斜率检验也验证了这一说法。在图5.2中，当协作能力达到一定的阈值后，现代化水平出现了拐点。可能的原因是，农业龙头企业相对于家庭农场和农民专业合作社来说具有更强的企业性质，当企业的利益由于过度合作受到其他经济体的冲击时企业更可能通过提高或压低农产品价格的方式进行自我保护，因此流通主体之间建立稳定的利益联结机制尤为重要。

表 5.17　流通主体协作能力的调节作用检验（农业龙头企业）

变量	Mod 1	Mod 2	Mod 3
e-year	0.007	0.007	0.008
	(0.023)	(0.023)	(0.019)
sale	0.008	0.008	0.012
	(0.015)	(0.015)	(0.012)
yield	−0.012	−0.011	−0.007
	(0.015)	(0.015)	(0.013)
econ	−0.344	−0.348	−0.389[+]
	(0.256)	(0.257)	(0.215)
ind	−2.858	−2.887	−2.790
	(2.001)	(2.009)	(1.678)
lead	0.071[*]	0.074[**]	0.213[***]
	(0.035)	(0.035)	0.037
l-coodr	0.003[*]	0.020[*]	0.040[*]
	(0.022)	(0.023)	(0.020)
lead×l-coodr		−0.014	−0.034
		(0.025)	(0.021)

表5.17(续)

变量	Mod 1	Mod 2	Mod 3
lead×l-coodr^2			-0.101 ***
			(0.016)
_cons	4.409 ***	4.451 ***	4.343 *
	(2.962)	(2.974)	(2.485)
F	3.677 ***	6.320 *	5.290 ***
N	101	101	101
R^2	0.041	0.053	0.346

注：$+p<0.10$，$^*p<0.05$，$^{**}p<0.01$，$^{***}p<0.001$。

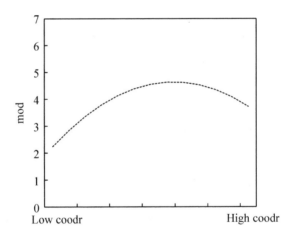

图5.2 农业龙头企业协作能力的简单斜率检验

5.3.5.4 物流信息化水平的调节作用

本书通过5.3.2中的主效应分析发现，地区物流条件对农产品流通现代化有显著的正向影响。信息化是物流运作的基础，信息流的发展也为农产品流通现代化水平的提高提供源源不断的动力。物流信息化具有信息传递、数据分析、库存管理、辅助决策等功能，它与物流基础设施的协同发展能加速推进农产品流通现代化的发展。因此，本书选取物流信息化水平为调节变量，探究物流信息化水平在地区物流条件与农产品流通现代化中的调节作用。其中，农产品流通现代化水平（modern）为被解释变量，地区物流条件为解释变量，物流信息化水平（log-lnforma）为调节变量，物流信息化水平主要利用调研数据从物流信息查询、物流信息平台和电商服务平台三个方面进行考察。问卷用"您经常通过互联网的方式查询您所需的物流信息""您所在的地区有专门的农村物流综合信息服务平台可以使用""您所在的地区有农村电子商务平台可以使用"来衡量，采用五级李克特量表，1~5 分别表示非常不同意、不同意、不一定、比较同意、非常同意。笔者使用 Spss 23.0 统计软件进行探索性因子分析，结果显示量表的 KMO 为 0.781，累计解释方差能力达70.05%；Bartlett 球形检验值显著（$p = 0.000$），即该变量适宜做因子分析；信度系数 Cronbach α 为 0.842，表明量表具有良好的信度和效度。物流信息化水平的调节作用检验如表 5.18 所示。检验结果显示，物流信息化水平（log-lnforma）对农产品流通现代化有显著的正向影响（$\beta = 0.031$，$p<0.001$），地区物流条件和物流信息化水平的交互项（logis×log-lnforma）正向显著（$\beta = 0.078$，$p<0.001$），说明物流信息化水平越高，地区物流条件对农产品流通现代化的正向影响越大。这也说明了物流和信息流协同发展的重要性。物流是农产品流通的基础性条件，物流被信息化赋能之后，可以极大地推动农产品流通效率的提高，进而提高农产品流通现代化水平。因此，我们应充分发挥信息技术在推进农村物流发展中的决定性作用，以信息化带动物流的现代化，实现农村物流的跨越式发展。

表 5.18 物流信息化水平的调节作用检验

变量	Mod 1	Mod 2
industry	−0.002	−0.005
	(0.004)	(0.003)
year	0.007[**]	0.006[**]
	(0.006)	(0.005)
yield	0.010[*]	0.008[*]
	(0.004)	(0.010)
ind	−1.498[**]	−0.449
	(0.529)	(0.442)
econ	−0.172[*]	−0.068
	(0.064)	(0.053)
logis	0.035[***]	0.042[***]
	(0.008)	(0.007)

表5.18(续)

变量	Mod 1	Mod 2
log-lnforma	0.009*	0.031***
	(0.004)	(0.004)
logis×log-lnforma		0.078***
		(0.004)
_cons	2.449***	1.071*
	(0.756)	(0.630)
F	6.101***	46.275***
N	687	687
R^2	0.301	0.358

注：$+p<0.10$，$^*p<0.05$，$^{**}p<0.01$，$^{***}p<0.001$。

5.4　影响机理分析

本书通过对三峡库区农产品流通现代化影响机理的实证分析发现，农产品流通现代化主要受到农民基础能力、流通主体发展水平、地区物流条件和地区金融支持的影响，并且这些又与互联网基础设施、创业氛围和物流信息化水平等外在因素交互影响三峡库区农产品流通现代化水平（见图5.3）。具体影响机理如下：

农民作为农业生产、经营的最基本主体，其基础能力对农产品流通现代化有显著的正向影响。同时，互联网使用、精英带动对流通现代化的影响又受到互联网基础设施水平和创业氛围的调节作用。流通主体作为地区农产品流通规模、流通效率的主要推动力量，其发展水平对三峡库区农产品流通现代化有显著的正向影响。同时，家庭农场、农民专业合作社和农业龙头企业之间的协作可以极大提高新型农村经营主体与农民之间的协同，延长产业链、优化农村经济结构。流通主体之间通过建立稳定的利益联结机制，逐渐形成比较稳定的长期合作关系，共同发展。因此，协作能力在流通主体发展水平和农产品流通现代化水平之间发挥调节作用。作为地区农产品流通的保障条件，物流条件、金融支持都对农产品流通现代化有显著的正向影响。同时，地区物流条件对农产品流通现代化的促进作用还受到物流信息化水平的调节作用。综上所述，农产品流通过程中的主体能力、流通主体的发展水平以及农产品流通的保障条件共同作用于农产品流通现代化的发展。

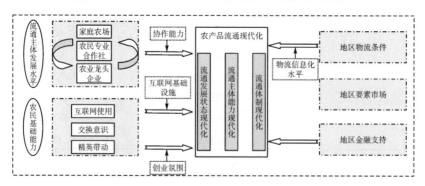

图 5.3　三峡库区农产品流通现代化作用机理

5.5　本章小结

　　本章根据第 4 章三峡库区各区（县）农产品流通现代化的得分情况对三峡库区农产品流通现代化的影响机理进行分析。首先，本章提出假设，并利用 OLS 模型，对假设进行检验。主效应回归结果显示，农民的基础能力对农产品流通现代化的影响显著。其中，互联网技能对农产品流通现代化有显著的正向影响，交换意识对农产品流通现代化有显著的正向影响，精英带动对农产品流通现代化有显著的正向影响。流通主体发展水平对农产品流通现代化的影响显著。其中，家庭农场发展水平对农产品流通现代化有显著的正向影响，农民专业合作社对农产品流通现代化有显著的正向影响，农业龙头企业的带动能力对农产品流通现代化有显著的正向影响。地区要素市场对农产品流通现代化有正向影响，但不显著，并且系数 β 较小。

　　其次，本章利用缩小样本的方法进行稳健性检验。具体方法是剔除与其他区（县）经济发展水平、受政策影响能力和产业结构水平差距较大的渝北区和巴南区。稳健性检验的结果显示，估计后的结果与主效应的结果基本一致，表明主效应的估计结果是稳健的。

再次，本章从重点库区和非重点库区的角度以及行政级别的差异对异质性进行分析。本章以重点库区和非重点库区的角度进行分组，分别进行回归。回归的结果显示，农民基础能力、流通主体发展水平、地区物流条件无论是在重点库区还是在非重点库区对农产品流通现代化依然有显著的正向影响。重点库区的地区要素市场对农产品流通现代化具有显著的正向影响，而非重点库区的地区要素市场对农产品流通现代化的影响依然不显著。地区金融支持对重点库区的农产品流通现代化的影响依然显著，但是对非重点库区的农产品流通现代化的影响不显著。本章通过对区级地区和县级地区进行分组回归，回归的结果显示，县级地区的要素市场对农产品流通现代化具有显著的正向影响，而区级地区的要素市场对农产品流通现代化的影响依然不显著。可能的原因是，县级地区经济发展水平相对落后，行政级别较低，政策红利较少，导致农业占比较高，对农业生产要素的需求较高，区级地区经济发展水平相对较高，受政策红利的影响，主要发展轻工业和旅游业等服务业，对农业生产要素的需求相对较低。地区金融支持对县级地区的农产品流通现代化的影响依然显著，但是对区级地区的农产品流通现代化的影响不显著。可能的原因是，县级地区农业占比更高，更容易受到更多的农业金融支持的影响，县级地区与区级地区相比会受到更多的农业政策的倾斜。家庭农场发展水平、农民专业合作社发展水平和农业龙头企业带动能力都对三峡库区区级地区和县级地区的农产品流通现代化有显著的正向影响。区级地区和县级地区的互联网使用强度、精英带动都对农产品流通现代化有显著的正向影响，区别是区级地区互联网使用强度的系数 $\beta = 1.201$ 大于县级地区互联网使用强度的系数 $\beta = 0.012$，区级地区精英带动的系数 $\beta = 1.107$ 大于县级地区精英带动的系数 $\beta = 0.002$。可能的原因是，区级地区由于行政级别较高，受政策红利的影响，其互联网基础设施水平和农民素质相对县级地区较高，因此在区级地区互联网使用强度和精英带动对农产品流通现代化的影响更大。

最后，本章通过进一步分析发现，互联网基础设施对农产品流通现代化有显著的正向影响，互联网基础设施在农民互联网使用强度和农产品流通现代化之间起正向调节作用，即互联网基础设施水平越高，农民互联网使用强度对农产品流通现代化的正向影响越大。创业氛围对农产品流通现代化有显著的正向影响，创业氛围在精英带动和农产品流通现代化中起正向调节作用，即创业氛围越好，精英带动对农产品流通现代化的正向影响越大。家庭农场的协作能力对农产品流通现代化的影响不显著，家庭农场的协作能力的调节作用不显著。农民专业合作社的协作能力对农产品流通现代化有显著的正向影响，农民专业合作社的协作能力在农民专业合作社的发展水平和农产品流通现代化之间起正向调节作用，即农民专业合作社的协作能力越强，农民专业合作社发展水平对农产品流通现代化的正向影响越大。农业龙头企业的协作能力对农产品流通现代化有显著的正向影响，农业龙头企业的协作能力在农业龙头企业的带动能力对农产品流通现代化的影响中起倒"U"形调节作用，即农业龙头企业的协作能力越强，农业龙头企业带动能力对农产品流通现代化的影响越大，但是当农业龙头企业的协作能力达到一定的阈值之后，将不利于农业龙头企业带动能力对农产品流通现代化的影响。物流信息化水平对农产品流通现代化有显著的正向影响，物流信息化水平在地区物流条件和农产品流通现代化之间起正向调节作用，即物流信息化水平越高，地区物流条件对农产品流通现代化的正向影响越大。

三峡库区农产品流通现代化空间关联分析

通过第4章三峡库区农产品流通现代化评价以及第5章三峡库区农产品流通现代化影响机理分析，本书发现三峡库区农产品流通现代化的水平呈现层级式的差异，并且农民的基础能力、流通主体的发展水平、地区的物流条件、金融支持显著影响三峡库区农产品流通现代化。在进一步分析中，笔者发现，流通主体间的协作能力对农产品流通现代化有着一定的影响，这意味着不同空间上的协作也会产生一定的影响。因此，三峡库区农产品流通现代化在空间上可能存在关联。在空间上，农产品流通现代化会呈现何种空间关联？这个空间关联网络具有哪些特征？探究三峡库区各区（县）农产品流通现代化的空间关联和影响因素对三峡库区内部提高农产品流通的融合能力具有一定的理论和实践意义。本章首先构建三峡库区农产品流通现代化空间关联矩阵，其次运用社会网络分析方法对三峡库区农产品流通现代化的整体网络特征和个体网络特征进行分析，同时运用块模型对三峡库区农产品流通现代化的板块进行划分，最后运用QAP相关分析和QAP回归分析方法，探讨地理距离、经济基础差异等因素对三峡库区农产品流通现代化水平空间关联的影响。

6.1 空间关联网络的分析方法

三峡库区农产品流通现代化的空间关联网络是三峡库区各区（县）农产品流通现代化关联关系的集合。三峡库区各区（县）是空间关联网络中的"点"，三峡库区各区（县）之间在农产品流通现代化上的空间关联关系则是网络中连接点的"线"。这些点和线就构成了三峡库区农产品流通现代化的空间关联网络。以往研究通常利用修正的引力模型构建三峡库区农产品流通现代化的空间关联矩阵，结合社会网络分析方法归纳总结三峡库区农产品流通现代化的空间关联网络特征。

6.1.1 空间关联矩阵

关于空间关联的研究主要采用格兰杰因果检验［李敬、陈澍、万广华等（2014）[191]］和引力模型［张翼（2017）[193]和方大春、马为彪（2018）[194]］构建空间关联网络。由于前者对时间序列数据有较严格的要求，而引力模型可以将地理距离纳入考量范围，因此本书选用修正的引力模型构建空间关联矩阵。

本章参照万有引力公式，运用修正的引力模型对三峡库区 15 个区（县）之间农产品流通现代化的空间关联强度进行测度。其计算公式如下：

$$S_{ij} = K_{ij} \frac{\dfrac{E_i \cdot E_i}{D_{ij}^2}}{(g_i - g_j)^2}, \ \text{其中}, \ K_{ij} = \frac{E_i}{E_i + E_i} \tag{6.1}$$

其中，S_{ij} 表示三峡库区第 i 个地区和第 j 个地区之间农产品流通现代化的空间关联强度；E_i 和 E_j 分别表示第 i 个和第 j 个区（县）农产品流通现代化水平；D_{ij} 表示第 i 个区县和第 j 个区县之间的地理距离；g_i 和 g_j 分别表示第 i 个和第 j 个区（县）的人均地区生产总值；K_{ij} 为引力系数，用 $E_i/(E_i + E_j)$ 修正。

本书通过修正的引力模型得到空间关联强度矩阵 $S = (S_{ij})_{n \times n}$，结合式（6.2），空间关联强度矩阵 S 可转化为空间关联矩阵 $Z = (Z_{ij})_{n \times n}$。

$$Z_{ij} = \begin{cases} 1, & S_{ij} \geqslant \overline{S_i} = \sum_{j=1}^{n} S_{ij} \\ 0, & S_{ij} < \overline{S_i} = \sum_{j=1}^{n} S_{ij} \end{cases} \qquad (6.2)$$

本书将空间关联强度矩阵 S 中各行均值 $\overline{S_i}$ 作为该行的临界值，若空间关联强度 S_{ij} 大于 $\overline{S_i}$，取值为 1，表明该行区（县）与该列区（县）农产品流通现代化存在关联关系；反之，取值为 0，表明三峡库区各区（县）之间不存在关联关系。由此，本书构建了三峡库区农产品流通现代化水平的空间关联矩阵 $Z = (Z_{ij})_{n \times n}$，将其作为空间关联分析的基础。

6.1.2 社会网络分析方法

社会网络分析方法主要是研究空间关联网络中的点与点之间的线，即用网络密度、关联度等指标衡量整体网络特征以及个体网络特征，并利用块模型分析空间网络中的位置关系。因此，通过社会网络分析方法可以全面地反映三峡库区农产品流通现代化水平的空间关联特征，揭示网络个体之间关系的紧密性、连通性等。

6.1.2.1 整体网络特征

本书主要利用网络密度、网络关联度、网络效率和网络等级度来衡量三峡库区农产品流通现代化的整体网络特征，衡量三峡库区农产品流通现代化整体网络空间关联网络的关联强度及关联特征。

（1）网络密度。网络密度是一种反映网络中各地区之间关联关系的紧密程度的指标。网络密度等于网络中实际关联关系数/网络中理论最大可能关联关系数。网络密度 $D \in [0, 1]$。我们假设网络中有 n 个地区，m 为网络中实际关联关系数，则网络密度的计算公式如下：

$$D = \frac{m}{n \times (n-1)} \qquad (6.3)$$

三峡库区农产品流通现代化空间关联网络的网络密度越大，表明三峡库区各区（县）农产品流通现代化之间的空间关联越紧密；反之，表明三峡库区各区（县）之间的空间关联越稀疏。

（2）网络关联度。网络关联度是一种反映空间网络稳健性的指标。我们假设网络中有 n 个地区，v 为网络中不可达的点对数，则网络关联度 $C \in [0, 1]$。其计算公式如下：

$$C = 1 - \frac{v}{\dfrac{n \times (n-1)}{2}} \tag{6.4}$$

在三峡库区农产品流通现代化空间关联网络中，若任何两个区（县）都可以直接或间接相连，则网络关联性较高；反之，若在三峡库区农产品流通现代化空间关联网络中存在不可到达的区（县），说明网络关联性较低。若很多区（县）都是通过其中一个区（县）相连，一旦将该区（县）去掉，则空间关联网络可能出现崩溃，说明该网络的稳健性较低。

（3）网络等级度。网络等级度是一种衡量各地区在网络中的支配性或等级性的指标，它表示网络中各地区之间在多大程度上是非对称可达的。我们假设网络中对称可达的点对数为 k，最大可能的对称可达的点对数为 $\max(k)$，则网络等级度 $H \in [0, 1]$。其计算公式如下：

$$H = 1 - \frac{k}{\max(k)} \tag{6.5}$$

网络等级度越高，表明在三峡库区农产品流通现代化空间关联网络中有少数区（县）扮演着网络主导者或支配者的角色；相反，网络等级度越低，表明三峡库区各区（县）在网络中的角色或地位基本相似。

（4）网络效率。网络效率是一种衡量网络中冗余线条多少的指标，即衡量网络中各点之间的连接效率。我们假设网络中多余线条数为 l，最大可能的对称可达的点对数为 $\max(l)$，则网络等级度 $E \in [0, 1]$。其计算公式如下：

$$E = 1 - \frac{1}{\max(l)} \tag{6.6}$$

网络效率越低，表明三峡库区农产品流通现代化空间关联网络中存在较多的多余线条，各区（县）之间存在多重叠加的溢出效应，网络更稳定；相反，网络效率越高，表明各区（县）之间的关联越少，即各区（县）之间相对独立，缺乏有效的合作。

6.1.2.2 个体网络特征

三峡库区农产品流通现代化空间关联网络的个体网络特征主要由点度中

心度、接近中心度和中介中心度衡量，用以揭示各区（县）在网络中的位置及扮演的角色。

（1）点度中心度。点度中心度是一种衡量空间关联网络中心位置的指标。点度中心度越高，表明该区（县）在网络中与其他区（县）有越多关联，处于网络的中心位置。我们假设 D_e 为点度中心度，n 为与该地区直接关联的区（县）数，N 为最大可能的直接相连区（县）数，则点度中心度的计算公式如下：

$$D_e = \frac{n}{N-1} \tag{6.7}$$

（2）接近中心度。接近中心度是一种衡量个体在网络中不受其他个体控制程度的指标。如果某区（县）的接近中心度越高，表明该区（县）距其他区县越近，与其他区（县）存在越多的直接关联。我们假设 C_{APi}^{-1} 为接近中心度，d_{ij} 为第 i 个区（县）和第 j 个区（县）之间的捷径距离，则接近中心度的计算公式如下：

$$C_{APi}^{-1} = \sum_{i=1}^{n} d_{ij} \tag{6.8}$$

（3）中介中心度。中介中心度是一种衡量个体在网络中控制信息和资源的能力的指标。其描述的是该地区在多大程度上处于其他区（县）相联系的路径上。中介中心度越高，其对资源和信息的控制能力越强。我们假设 $C\,b_i$ 为中介中心度，$b_{ik}(i)$ 为第 i 个区（县）控制第 j 个区（县）与第 k 个区（县）关联的能力（$i \neq j \neq k$，$j < k$），则中介中心度的计算公式如下：

$$C\,b_i = \frac{2\sum_{j}^{n}\sum_{k}^{n} b_{jk}(i)}{N^2 - 3N + 2} \tag{6.9}$$

6.1.2.3 块模型分析

块模型分析通过各个区（县）发出和接收的关系数进行聚类分析来判定三峡库区农产品流通现代化空间关联网络中各个板块在网络中的角色和位置。块模型具体可以分为双向溢出板块、净受益板块、净溢出板块以及经纪人板块四个板块。

我们假设板块 B_k 中有 g_k 个地区，那么板块 B_k 内部可能有 $g_k(g_k - 1)$ 个关系总数。如果整个网络中有 g 个区（县），那么板块 B_k 中的地区所有可能

的关系总数为 $g_k(g_k - 1)$。板块 B_k 的期望内部关系比例如下：

$$\frac{g_k(g_k - 1)}{g_k(g - 1)} = \frac{g_k - 1}{g - 1} \tag{6.10}$$

我们根据实际内部关系比例和期望内部关系比例的大小关系划分为四种板块，块模型板块划分如表 6.1 所示。

表 6.1　块模型板块划分

位置内部关系比例	位置接收到的关系比例	
	≈ 0	>0
$\geqslant g_k - 1/g - 1$	双向溢出板块	净受益板块
$< g_k - 1/g - 1$	净溢出板块	经纪人板块

6.2　农产品流通现代化空间关联的特征分析

6.2.1　整体网络结构特征

为了能清晰和直观地展示三峡库区农产品流通现代化的空间关联网络，本书利用 UCINET 可视化工具 Netdraw 绘制了 2018 年三峡库区农产品流通现代化空间关联网络（见图 6.1）。从图 6.1 可以看出，三峡库区农产品流通现代化呈现明显的空间网络特征。其中，涪陵区、万州区、长寿区、石柱县、渝北区等区（县）处于网络中心地带，忠县、开州区、云阳县、巫山县、奉节县等区（县）处于网络边缘地带。2018 年，三峡库区农产品流通现代化空间关联网络中最大可能关联关系为 210，实际存在关联关系为 53，因此网络密度为 0.252，由此可以得知三峡库区各区（县）之间关联的紧密程度总体上并不高。网络关联度为 1，说明三峡库区各区（县）之间具有较高的关联度，表明空间网络结构具有稳健性。由图 6.1 可知，三峡库区农产品流通现代化空间关联网络中各区（县）都或多或少与其他区（县）产生关联关系。

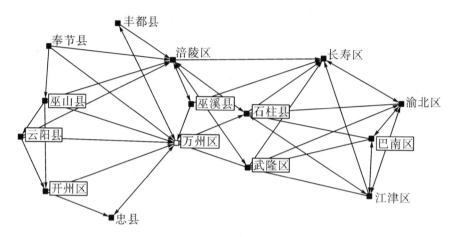

图 6.1　2018 年三峡库区农业流通现代化空间关联网络

6.2.2　个体网络结构特征

从点度中心度来看（见表 6.2），三峡库区 15 个区（县）的点度中心度最高值和最低值分别为 64.286 和 14.286，均值为 34.286，经济发展相对较好的万州区、涪陵区、长寿区的点度中心度明显高于经济发展相对较差的巫山县、巫溪县，说明农产品流通现代化在空间上和经济发展及农业发展存在一定的耦合关系。

从接近中心度来看（见表 6.2），三峡库区 15 个区（县）中接近中心度最高值为 73.684，最低值为 45.161，均值为 54.710，15 个区（县）的接近中心度均较高。这说明，三峡库区农产品流通均能较快地与其他区（县）建立联系。这主要可归因于：第一，随着物流体系以及高速公路、高铁等交通基础设施的完善，各区（县）之间的关联程度越来越强；第二，随着电子商务的快速发展，各区（县）之间农产品流通的渠道发生变化，减少了由于地理距离产生的隔阂。此外，接近中心度较高的区（县）要么是农业发展水平高的地区，如万州区、涪陵区、长寿区，要么是处于三峡库区中地理区位重要的地区，如石柱县、武隆区。这说明，在流通现代化空间网络中，农业发达的区（县）一般与其他区（县）联系紧密，而具有地理位置优势的区（县）也是中心行动者。

从中间中心度来看（见表 6.2），中介中心度均值为 6.667，最高的地区为万州区，其次是涪陵区。这说明，在三峡库区农产品流通现代化空间网络中，大多数关联关系是通过万州区和涪陵区联系，处于库区内部偏远地区的巫山县、巫溪县以及库区边缘的渝北区、巴南区的中介中心度普遍较低，说明这些区（县）在农产品流通现代化网络中通常是被支配的地位。石柱县、武隆区的中介中心度较高，说明在局部区域起到一定的中介作用。

表6.2　三峡库区农产品流通现代化空间关联网络的中心度分析

地区	点度中心度（degree centrality）				接近中心度（closeness centrality）		中介中心度（between centrality）	
	点入度（in-degree）	点出度（out-degree）	中心度（centrality）	排序（rank）	中心度（centrality）	排序（rank）	中心度（centrality）	排序（rank）
万州区	9	4	64.286	1	73.684	1	36.258	1
涪陵区	8	4	57.143	2	66.667	2	22.106	2
渝北区	4	5	35.714	6	48.276	11	0.595	10
巴南区	1	4	28.571	9	45.161	14	0.183	14
长寿区	6	2	42.857	3	58.333	5	6.154	5
江津区	2	4	35.714	7	48.276	12	0.595	11
开州区	3	2	28.571	10	50.000	9	1.343	7
石柱县	5	3	42.857	4	63.636	3	13.860	3
武隆区	4	4	42.857	5	63.636	4	13.860	4
丰都县	1	2	14.286	14	48.276	13	0.279	12
忠县	2	1	14.286	15	45.161	15	0.000	15
云阳县	1	3	28.571	11	51.852	8	1.170	9
奉节县	0	3	21.429	12	50.000	10	0.279	13
巫山县	1	4	35.714	8	53.846	6	2.086	6
巫溪县	1	3	21.429	13	53.846	7	1.231	8
均值			34.286		54.710		6.667	

从中心度角度分析，三峡库区农产品流通现代化关联网络也呈现出明显的马太效应，万州区、涪陵区、长寿区的经济发展水平相对较高、农业基础较好，表现出显著的受益关系。三峡库区中的巫山县、巫溪县等偏远地区受限于经济发展相对落后等因素，在空间网络中扮演着落后者、被动者的角色。

6.2.3 块模型分析

笔者主要借鉴李敬、陈澍、万广华等（2014）[191]的做法，采用迭代分析方法（convergent correlations，CONCOR），选择最大分隔度为2，收敛标准为0.2，将三峡库区15个区（县）划分为四个板块，各板块之间的溢出效应如表6.3所示。

表6.3 各板块之间的溢出效应

板块	接收关系数		发出关系数		期望内部关系比例/%	实际内部关系比例/%	板块特征
	板块内	板块外	板块内	板块外			
板块一	5	9	5	2	14.29	47.62	净受益板块
板块二	2	2	2	13	28.57	21.05	净溢出板块
板块三	5	10	5	12	21.43	31.25	双向溢出板块
板块四	2	13	2	7	14.29	16.67	经纪人板块

板块一（净受益板块）：万州区、开州区、忠县。

板块二（净溢出板块）：云阳县、奉节县、巫山县、巫溪县、丰都县。

板块三（双向溢出板块）：涪陵区、渝北区、巴南区、江津区。

板块四（经纪人板块）：长寿区、石柱县、武隆区。

板块一有三个区（县），为万州区、开州区和忠县。发出关系数为7，内部关系数为5，期望内部关系比例为14.29%，实际内部关系比例为47.62%，属于净受益板块。这表明，此板块的区（县）经济发展趋势较好，农业基础深厚，区位优势明显，因此受益更多。

板块二有五个县，分别为云阳县、奉节县、巫山县、巫溪县、丰都县，发出关系为15，内部关系数为2，接收关系数为4，内部期望比例为28.57%，实际内部关系比例为21.05%。这表明，此板块属于净溢出板块，具有较强的溢出效应，板块内的各区（县）之间合作程度较低，主要为其他板块的区（县）提供提高现代化发展的必要的农业资源。这与这几个县的经济体量、流通基础设施有一定关系。

板块三有四个区，分别为涪陵区、渝北区、巴南区、江津区，发出关系数为 17，内部关系数为 5，期望内部关系比例为 21.43%，实际内部关系比例为 31.25%，向板块外发出的关系数和向板块内发出的关系数均较多，属于双向溢出板块。

板块四有三个区（县），分别为长寿区、石柱县和武隆区。发出关系数为 9，内部关系数为 2，期望内部关系比例为 14.29%，实际内部关系比例为 16.67%，属于经纪人板块，在三峡库区农产品流通现代化空间网络中扮演桥梁的角色，这与这三个区（县）的地理位置有一定的关系。

构建板块间密度矩阵和像矩阵①（见表 6.4）可以考察板块之间农产品流通现代化的关联关系以及三峡库区农产品流通现代化溢出在各板块的分布情况。

表 6.4 各板块的密度矩阵和像矩阵

	密度矩阵				像矩阵			
	板块一	板块二	板块三	板块四	板块一	板块二	板块三	板块四
板块一	0.833	0.067	0.000	0.111	1	0	0	0
板块二	0.467	0.100	0.250	0.067	1	0	1	0
板块三	0	0.050	0.417	0.917	0	0	1	1
板块四	0.222	0	0.417	0.333	0	0	1	1

6.3 农产品流通现代化水平空间关联的影响因素分析

6.3.1 研究方法与理论假设

6.3.1.1 研究方法

由于选取的变量为关系数据，因此本书不能用常规的统计检验方法检验关系数据之间是否存在关系。关系数据之间可能具有高度的相关性，采用传

---

① 依据密度准则，笔者先计算出各个板块之间的密度，再将板块间密度值大于整体网络密度值的情形赋值为 1，小于整体网络密度值的情形赋值为 0。

统方法进行参数估计，容易存在多重共线性，导致变量的显著性检验失去意义。QAP（二次指派）方法是一种非参数法，不需要假设变量间相互独立，能有效检验关系数据之间的稳健性，是网络分析中常用的方法之一。QAP 主要包括 QAP 相关分析和回归分析两部分。QAP 相关分析以置换矩阵数据为基础，通过比较方阵的各个格值，得出相关系数，然后进行非参数检验①。

6.3.1.2　理论假设

从块模型分析结果看，板块一和板块二的区（县）更容易与板块三的区（县）产生空间溢出效应，说明地理距离可能是影响空间关联的因素之一。另外，板块四的区（县）舍近取远，与农业发展相对发达的板块一和板块二的区（县）产生空间关联，而不与农业发展相对落后的板块二的区（县）产生溢出效应，说明流通效率的差异也可能会导致空间关联性。既有文献显示，地区交通联系会影响各地区农产品流通的关联。流通主体的发展水平反映地区流通主体之间的协同程度。通常，流通主体发展水平高的地区更偏向和流通主体发展水平相近的地区形成关联。此外，产业结构是否存在差异也是影响农产品流通现代化空间关联的因素。因此，本书提出假设 1 至假设 5。

假设 1：三峡库区农产品流通现代化空间关联网络受地理距离的影响。

假设 2：三峡库区农产品流通现代化空间关联网络受交通联系的影响。

假设 3：三峡库区农产品流通现代化空间关联网络受产业结构的影响。

假设 4：三峡库区农产品流通现代化空间关联网络受流通主体发展水平的影响。

假设 5：三峡库区农产品流通现代化空间关联网络受流通效率的影响。

6.3.2　研究变量及数据来源

根据以上假设，本书构建如下模型：

---

① 具体步骤如下：首先，计算两个矩阵构成长向量之间的相关系数。其次，对其中一个矩阵的行和相应的列随机置换，计算置换后的矩阵与另一个矩阵之间的相关系数，保存计算结果。再次，重复足够多次，得到相关系数的分布，从中可得随机置换后的多个相关系数大于或等于第一步计算的相关系数的比例。最后，比较第一步中计算的相关系数与根据随机重排计算出来的相关系数的分布，考察相关系数是落入拒绝域还是接受域，从而判断相关性。QAP 回归分析步骤与相关分析类似，需先将解释变量矩阵和被解释变量矩阵对应的长向量进行多元回归分析，再随机置换被解释变量矩阵的行和列，重新回归，得到回归系数和 R^2。重复足够多次，以便估计统计量的标准误，系数估计和检验方法与 QAP 相关分析一致。

$$Z = f(D, T, E, F, C, L, M)$$

其中，Z 为三峡库区农产品流通现代化空间关联矩阵，D 为三峡库区各区（县）的地理距离矩阵，T 为三峡库区各区（县）的高铁联系矩阵，E 为三峡库区各区（县）的产业结构差异矩阵，F 为三峡库区各区（县）的家庭农场发展水平差异矩阵，C 为三峡库区各区（县）的农民专业合作社发展水平差异矩阵，L 为三峡库区各区（县）的农业龙头企业发展水平差异矩阵，M 为三峡库区各区县流通效率差异矩阵。

6.3.2.1 被解释变量

三峡库区农产品流通现代化空间关联矩阵 Z 来自本书 6.1 中的空间关联矩阵，计算方法相同。关联矩阵 Z 的数据来自第 4 章测算的三峡库区农产品流通现代化的得分情况。

6.3.2.2 解释变量

（1）三峡库区各区（县）的地理距离矩阵 D：由三峡库区各区（县）距离计算得出。

（2）三峡库区各区（县）的高铁联系矩阵 T：由三峡库区各区（县）有无相互到达的高铁计算得出。数据来自铁路总公司网站。

（3）三峡库区各区（县）的产业结构差异矩阵 E：由三峡库区各区（县）的第一产业比重计算得出。

（4）三峡库区各区（县）的家庭农场发展水平差异矩阵 F：由三峡库区各区（县）的家庭农场数量计算得出。

（5）三峡库区各区（县）的农民专业合作社发展水平差异矩阵 C：由三峡库区各区（县）的农民专业合作社数量计算得出。

（6）三峡库区各区（县）的农业龙头企业发展水平差异矩阵 L：由三峡库区各区（县）的市级农业龙头企业数量计算得出。

（7）三峡库区各区（县）流通效率差异矩阵 M：由三峡库区各区（县）2018 年农产品周转率计算得出。

6.3.3 实证检验及结果分析

6.3.3.1 QAP 相关分析

本书选择 5 000 次随机置换，得到三峡库区农产品流通现代化空间关联矩阵与其他影响因素矩阵的相关关系[①]（见表 6.5）。三峡库区农产品流通现代化空间关联矩阵 Z 与地理距离矩阵 D 的相关系数为 -0.315，通过 10% 的显著性水平检验，说明三峡库区各区（县）之间的地理距离对农产品流通现代化空间关联有显著的负向影响，地理距离越短，越容易产生空间关联。这是由于在构建的修正引力模型中，地理距离处于分母位置，与空间关联呈反方向变动，即负相关。其他影响因素与空间关联矩阵的相关系数均为正，但家庭农场发展水平的相关系数未通过 10% 的显著性检验，其他变量均通过显著性检验，表明除家庭农场发展水平外其他指标对三峡库区农产品流通现代化的空间关联有显著的影响。

表 6.5　空间关联矩阵 Z 与各影响因素的 QAP 相关分析结果

变量矩阵	实际相关系数	显著性水平	相关系数均值	标准差	最小值	最大值	$P \geqslant 0$	$P \leqslant 0$
地理距离	-0.315	0.000	0.000	0.083	-0.308	0.305	1.000	0.000
高铁联系	0.140	0.083	0.001	0.092	-0.264	0.342	0.083	0.952
家庭农场数量	-0.064	0.216	0.001	0.086	-0.320	0.362	0.784	0.216
农业龙头企业数量	0.132	0.081	-0.001	0.091	-0.317	0.398	0.081	0.921
农民专业合作社数量	0.241	0.001	-0.002	0.095	-0.268	0.325	0.999	0.001
第一产业比重	0.116	0.084	0.001	0.089	-0.315	0.335	0.104	0.896
农产品周转率	-0.123	0.088	-0.000	0.096	-0.262	0.387	0.912	0.088

　　为了判断选取的解释变量矩阵是否存在多重共线性，本书将与三峡库区农产品流通现代化空间关联矩阵显著相关的 6 个解释变量矩阵重新进行 QAP 相关分析。表 6.6 中的分析结果表明，地理距离矩阵与高铁联系矩阵、农民专业合作社发展水平差异矩阵、第一产业比重差异矩阵、农产品流通周转率差异矩阵均显著存在高度相关性，即存在多重共线性，因此需要采取 QAP 回归处理。由于农业龙头企业数量与地理距离不相关，因此剔除。

---

① 　实际相关系数是直接基于两个矩阵的值计算的，相关系数均值是根据 5 000 次随机矩阵置换计算得出，最大值和最小值是随机计算的相关系数中的最大值和最小值。$P \geqslant 0$ 和 $P \leqslant 0$ 分别表示随机计算得出的相关系数大于或等于、小于或等于实际相关系数的概率。

表 6.6 　地理距离等影响因素之间的 QAP 相关分析结果

变量矩阵	地理距离	高铁联系	农业龙头企业数量	农业专业合作社数量	第一产业比重	农产品周转率
地理距离	1.000 (0.000)					
高铁联系	−0.330** (0.002)	1.000 (0.000)				
农业龙头企业数量	0.006 (0.432)	−0.067 (0.328)	1.000 (0.000)			
农民专业合作社数量	0.233* (0.047)	−0.113 (0.350)	−0.154 (0.129)	1.000 (0.000)		
第一产业比重	0.420** (0.002)	−0.048 (0.363)	−0.006 (0.549)	0.106 (0.200)	1.000 (0.000)	
农产品周转率	0.502** (0.001)	0.030 (0.447)	−0.075 (0.376)	0.020 (0.351)	0.569*** (0.000)	1.000 (0.000)

注：*、**、*** 分别代表 10%、5%、1% 的显著性水平，括号内的数值表示随机置换产生的相关系数不小于实际观察到的相关系数的概率。

6.3.3.2 　QAP 回归分析

本书在 QAP 相关分析的基础上，将随机置换次数设定为 5 000 次，进行 QAP 回归分析，得到模型拟合结果（见表 6.7）和 QAP 回归分析结果（见表 6.8）。

表 6.7 　模型拟合结果

R^2	调整后的 R^2	概率	样本体积
0.368	0.359	0.000	210

由表 6.7 可知，可决系数 R^2 值为 0.368，调整后的可决系数 R^2 值为 0.359，表明所选取的变量矩阵可以解释三峡库区农产品流通现代化空间关联关系变动的 35.9%；概率 P 值为 0，说明调整后的可决系数 R^2 通过 1% 的显著性水平检验。

表 6.8 为 QAP 回归分析结果，其中概率 1 和概率 2 分别表示的是随机置换产生的回归系数不小于和不大于实际观察到的回归系数的概率（双尾检验）。

表 6.8　QAP 回归分析结果

变量	非标准化回归系数	标准化回归系数	显著性概率值	概率 1	概率 2
截距项	0.416 295	0.000	—	—	—
地理距离	−0.001 427	−0.333	0.002	0.998	0.002
高铁联系	0.033 198	0.031	0.361	0.361	0.640
农民专业合作社数量	−0.000 134	−0.197	0.008	0.992	0.008
第一产业比重	−0.150 638	0.372	0.000	0.000	1.000
农产品周转率	−0.689 677	−0.165	0.055	0.945	0.055

地理距离矩阵的回归系数通过 1% 的显著性水平检验，说明地理距离对三峡库区农产品流通现代化空间关联有显著的负向影响，表明地理距离越近，空间关联越强。农民专业合作社发展水平差异矩阵的回归系数通过 1% 的显著性水平检验，说明农民专业合作社对三峡库区农产品流通现代化空间关联有显著的负向影响，表明三峡库区各区（县）之间的农民专业合作社发展水平差异越小，三峡库区农产品流通现代化的空间关联越强。第一产业比重差异矩阵、农产品流通周转率差异矩阵的回归系数分别通过 1% 和 5% 的显著性水平检验，表明两个变量矩阵均对三峡库区农产品流通现代化关联矩阵有显著的负向影响，且地区产业结构和流通效率差异越小，空间关联越大，说明三峡库区各区（县）在产业结构和流通发展状态层面讲究"门当户对"。高铁联系矩阵对三峡库区农产品流通现代化空间关联不显著，说明高铁还没有成为促进农产品流通现代化协同的交通工具。

6.3.3.3　稳健性检验①

表 6.9 显示了断点值为空间关联强度均值的 80%、90%、100%、110% 和 120% 的情形下 QAP 回归分析结果。在将断点值上下浮动后，所有变量矩阵回归系数的符号均未发生变化，表明各变量矩阵对三峡库区农产品流通现代化空间关联网络的影响方向是稳健的。地理距离矩阵和农民专业合作社发展水平差异矩阵的回归系数没有发生明显变化，且均通过 1% 的显著性水平检验，说明地理距离和农民专业合作社发展水平是显著影响三峡库区农产品流通现代化空间关联的重要因素。因此，从整体上看，表 6.9 中的回归结果较为稳健，结论可信。

表 6.9　稳健性检验结果

变量	80% $\overline{s_i}$	90% $\overline{s_i}$	$\overline{s_i}$	110% $\overline{s_i}$	120% $\overline{s_i}$
D （地理距离矩阵）	-0.505^{***} (0.000)	-0.505^{***} (0.000)	-0.333^{***} (0.002)	-0.505^{***} (0.000)	-0.505^{***} (0.000)
T （高铁联系矩阵）	-0.022 (0.378)	-0.022 (0.384)	0.031 (0.361)	-0.022 (0.362)	-0.022 (0.379)
C （农民专业合作社发展水平差异矩阵）	-0.110^{*} (0.093)	-0.110^{*} (0.066)	-0.197^{***} (0.008)	-0.110^{*} (0.075)	-0.110^{*} (0.071)
E （第一产业比重差异矩阵）	0.378^{***} (0.001)	0.378^{***} (0.002)	0.372^{***} (0.000)	0.378^{***} (0.000)	0.378^{***} (0.000)
M （农产品周转率差异矩阵）	-0.077 (0.207)	-0.077 (0.212)	-0.165^{*} (0.055)	-0.077 (0.214)	-0.077 (0.224)
R^2	0.390	0.374	0.391	0.380	0.393
Adj R^2	0.373	0.356	0.374	0.362	0.376

① 在确定三峡库区农产品的空间关联时，一般选用空间关联强度的均值作为断点值，可能导致 QAP 回归结果出现偏差，因此需要进行稳健性检验，考察回归结果是否稳定。一般而言，QAP 回归分析通过选择不同的断点值进行稳健性检验。本书将三峡库区农产品流通现代化空间关联强度的均值作为基准值，在基准值的基础上上下浮动一定比例，取空间关联强度均值的 80%、90%、110% 和 120% 为断点值，由此得到四个新的三峡库区农产品流通现代化的空间关联矩阵，并依次进行 QAP 回归分析，观察各种断点值情形下变量系数矩阵的系数和显著性水平，以此检验实证分析的稳健性。

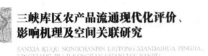
表6.9(续)

变量	80% $\overline{s_i}$	90% $\overline{s_i}$	$\overline{s_i}$	110% $\overline{s_i}$	120% $\overline{s_i}$
概率值	(0.000)	(0.000)	(0.000)	(0.000)	(0.000)
样本量	210	210	210	210	210
随机置换次数	5 000	5 000	5 000	5 000	5 000

注：回归系数为标准化回归系数，*、**、*** 分别代表 10%、5%、1% 的显著性水平，括号内的数值表示随机置换产生的回归系数不小于实际观察到的回归系数的概率。

6.4　本章小结

本章首先构建了三峡库区农产品流通现代化空间关联矩阵，然后结合社会网络分析方法分析整体网络特征和个体网络特征，并运用块模型分析三峡库区农产品流通现代化的板块划分以及各板块的角色，最后运用 QAP 相关分析和 QAP 回归分析方法，探讨地理距离、经济基础差异等因素对三峡库区农产品流通现代化水平空间关联的影响。本章通过对三峡库区农产品流通现代化的整体网络特征和 QAP 回归分析得出以下结论：

第一，从整体网络特征看，三峡库区各区（县）农产品流通现代化空间关联的紧密度不高，但是三峡库区各区（县）之间的关联度较高，连通效果较好，说明三峡库区农产品流通现代化空间关联网络中三峡库区各区（县）都或多或少与其他区（县）产生关联关系。

第二，从个体网络特征看，首先，经济发展相对较好的万州区、涪陵区、长寿区的点度中心度明显高于经济发展相对较差的巫山县、巫溪县，说明农产品流通现代化在空间上和经济发展及农业发展呈现一定的耦合关系。其次，三峡库区 15 个区（县）的接近中心度均处于一个较高的水平，说明三峡库区各区（县）农产品流通均能较快地与其他区（县）发生关联。最后，三峡库区农产品流通现代化中介中心度最高的地区为万州区，次之是涪陵区，说明在三峡库区农产品流通现代化空间网络中，大多数关联关系是通过万州区和涪陵区联系。处于三峡库区内部偏远地区的巫山县、巫溪县以及处于三峡库区边缘的渝北区、巴南区的中介中心度普遍较三峡低，说明这些区（县）在农产品流通现代化网络中通常是被支配的地位。石柱县、武隆区的中介中心度较高，说明在局部区域起到一定的中介作用。

第三，从块模型分析结果看，三峡库区各区（县）可以分为四个板块。板块一（净受益板块）有万州区、开州区、忠县，板块二（净溢出板块）有云阳县、奉节县、巫山县、巫溪县、丰都县，板块三（双向溢出板块）有涪陵区、渝北区、巴南区、江津区，板块四（经纪人板块）有长寿区、石柱县、武隆区。

第四，从三峡库区农产品流通现代化空间关联网络的影响因素看，地理距离、产业结构和农民专业合作社对三峡库区农产品流通现代化空间关联有显著的负向影响，说明地理距离越短、产业结构差距越小、农民专业合作社发展水平差距越小，对三峡库区农产品流通现代化的空间关联影响越大，也说明三峡库区各区（县）之间的协作讲究"门当户对"。

7

三峡库区农产品流通现代化的路径选择

通过第3章三峡库区农产品流通现代化理论分析框架、第4章三峡库区农产品流通现代化评价、第5章三峡库区农产品流通现代化影响机理分析、第6章三峡库区农产品流通现代化空间关联分析，本书梳理出目前三峡库区农产品流通存在的问题，并从评价、影响机理分析、空间关联等方面进行了深层次的探讨。本章根据前文得出的相关结论，从构建农产品流通现代化协作机制、提高农产品流通组织化程度、打造具有影响力的三峡库区农产品品牌等方面，提出三峡库区农产品流通现代化可供选择的路径与对策。

7.1　构建农产品流通现代化协作机制

7.1.1　构建县域农产品流通现代化协作机制

农产品流通过程的管理涉及区（县）多个部门，如农委负责农产品的生产过程，商务局负责农产品的流通环节，供销合作社负责当地部分农产品的供应和销售，交运集团负责部分农产品的物流运输，等等。不同的管理部门各自为政，在农产品流通环节扮演着各自的角色，形成了多头管理、职能分割的局面。但是，现代化农产品流通只有通过各部门协作才能提高农产品流通效率，实现利益最大化。三峡库区各区（县）应改变目前的行政部门管理各自为政的局面，建立以农产品流通行为为中心的管理协调体制，构建"政府搭台、部门协调、企业唱戏、合作共赢"与县域农产品流通现代化建设的协调协作机制，利用国家和重庆市农业发展、商贸物流发展、乡村振兴的相关政策以及农产品流通现代化的政策，以电子商务进村、公共物流配送中心项目建设为抓手，针对农产品流通中出现的突出矛盾和问题，及时组织协调解决，创造条件推进农产品流通现代化项目建设，从而推动县域农产品流通现代化的升级。

7.1.2　构建区域间农产品流通现代化协作机制

从三峡库区农产品流通现代化空间关联特征看，三峡库区农产品流通现代化的空间关联紧密度不高，而且各区（县）之间的协作讲究"门当户对"，即农业基础较好的区（县）关联程度较高，这样不利于各个区（县）之间协同发展，反而会拉大三峡库区内部农产品流通现代化的差距。因此，三峡库区15个区（县）政府应加强协作，以区域间农产品流通基础设施和公共服务设施重大项目为抓手，以互利共赢为目标，利用国家和重庆市农业发展、商贸物流发展、乡村振兴的相关政策，构建区域间农产品流通现代化协作机制，开展多层次、多形式、多领域的跨区（县）农产品流通现代化合作，并协调各区（县）或农产品流通主体的合作收益以及成本补偿，保障各利益主体能够在农产品流通现代化专业化分工与合作中获得收益，实现三峡库区农产品流通资源共享和信息共享。

7.2　提高农产品流通组织化程度

在西方发达国家，政府农业机构组织是农产品流通市场的重要参与者，深深地影响着农产品流通的效益和效率。据统计，日本80%的农产品依托政府农业机构组织销售，而美国的这一比例更是高达90%。目前，我国农产品流通大多还是靠传统小规模家庭经营农户（小农户）参与。

在我国农产品流通竞争的博弈中，羸弱的小农户始终处于弱势的不平等地位。三峡库区农产品流通也是如此。因此，我国应加快建设新型农业经营主体，提高农产品流通组织化程度，提高农户在农产品流通中的竞争力。

7.2.1　发展种养大户和家庭农场

种养大户与家庭农场并没有本质区别。最主要的区别就是前者是自然人，后者是经工商登记的法人。两者都是以家庭成员为主要劳动力，从事一定规模化、集约化和商品化的农业生产经营活动。

笔者在调研中发现，三峡库区在种养大户、家庭农场发展中，存在一些问题和困难。一是种养大户和家庭农场获得金融贷款支持比较困难；二是种养大户和家庭农场经营管理水平不高，难以适应日趋激烈的农产品市场竞争，难以满足社会化大生产的需要；三是土地流转中介服务、农业技术推广服务等方面的农业支持与服务体系不够完善。

三峡库区各区（县）应围绕提高农业综合生产能力、促进农业增效和农民增收的目标任务，稳步推进三峡库区种养大户与家庭农场的发展。一是三峡库区各区（县）要确保中央和重庆市农业方面的财政、税收、信贷、担保、保险、用地等政策落实到位，规范农村土地流转，尤其是要创新农村农业金融服务，将种养大户与家庭农场纳入贷款担保对象，解决种养大户与家庭农场资金不足问题；二是三峡库区各区（县）要推进种养大户、家庭农场与农民专业合作社、农业产业化龙头企业等的合作和联合；三是三峡库区各区（县）要创建示范种养大户与示范家庭农场，提高种养大户和家庭农场经营管理能力和水平；四是三峡库区各区（县）要加大种养大户与家庭农场人才培训力度，培养一批致力于发展现代农业的新型职业农民。

除政府支持外，三峡库区种植大户、养殖大户竞争力的提高需要打造农产品供应链。农产品供应链是连接生产者和消费者之间的链条。因此，三峡库区各区（县）应优化种子和家畜品种、塑造产品品牌形象、开辟线上线下渠道、发展绿色便捷物流、设计良好用户体验，最终将农产品和肉类食品销售出去。

7.2.2　发展农民专业合作社

笔者在调研中发现，三峡库区农民专业合作社"合而不作"的松散现象普遍存在。要改变这种"合而不作"的松散现象，就必须改造现有农民专业合作社。三峡库区各区（县）应引入龙头企业加入农民专业合作组织，成立新型的股份制农民专业合作社。在这种新型股份制农民专业合作社中，依托专业合作社平台，农业龙头企业、农户、农民专业合作社三者既分工又合作，形成利益联盟、经济命运共同体，提高农业散户和农民专业合作社的市场博弈力量。农业龙头企业负责农资的提供、农产品的加工，农民专业合作社负责农产品收购、销售以及农业技术指导，农户负责农产品的种植和养殖。

三峡库区各区（县）农民专业合作社建设不充分现象依然存在，导致农户在农产品市场流通中的竞争力不够。因此，三峡库区各区（县）应结合本地特色农业产业，成立各种类型的农民专业合作社，引导特色种植和养殖，及时了解农产品市场需求，衔接农产品供销，避免农户盲目种植和养殖。

7.2.3　发展农业产业化龙头企业

现代农业发展的基本方向是农业产业化。农业产业化龙头企业是推进农业产业化经营的关键力量[①]。我国农业发展方式的转变、农业组织化程度的提高、现代农业建设和农民增收，需要农业产业化龙头企业。

---

① 《国务院关于支持农业产业化龙头企业发展的意见》（国发〔2012〕10号）。

三峡库区各区（县）应围绕柑橘、蔬菜、中药材、粮食、油料、烟叶、林业、花卉、畜牧、水产等主导产业和优势产品，发展具有一定商品优势和市场潜力的农业产业化龙头企业以及优势特色农业产业化企业集群，形成种养、加工、销售一体化的优势特色农业产业化产业体系。农业产业化龙头企业应打造和培育在国内外市场具有竞争力的区域特色农产品品牌。大型农业产业化龙头企业还应选择适当的大中城市建立采购中心，发展连锁店、直销店以及开展电子商务业务。

在三峡库区，有条件的农业产业化龙头企业应打破区域、行业和所有制界限，通过并购重组等多种方式，发展成为具有竞争力的大型农业产业化龙头企业或大型企业集团。

7.2.4　提高农产品流通主体整体水平

三峡库区农产品流通组织化程度的提高，使三峡库区农产品流通主体经营管理水平和竞争能力较之以往有了较大提高，但与竞争激烈的市场环境要求相比仍有较大差距。因此，三峡库区农产品流通现代化的实现，需要农产品流通主体整体水平的提高。本书通过第5章三峡库区农产品流通现代化影响机理分析发现，农民专业合作社对三峡库区农产品流通现代化的拉动能力较大，尤其是重点库区农产品流通，更依赖农民专业合作社。非重点库区农产品流通更依赖农业龙头企业对农产品流通现代化的带动作用，这说明三峡库区各流通主体发展水平参差不齐。因此，三峡库区应该均衡各个流通主体的发展水平，提高三峡库区农产品流通主体的整体水平。

一是三峡库区各区（县）应加强对农民现代农业种植、养殖技术的培训，使农民掌握农业新知识新技术。在三峡库区，对果农的农业技术培训尤其重要。农民专业合作社的农民骨干应重点培养经营管理方面的意识，从而在农民专业合作社经营管理中起引领作用。二是三峡库区各区（县）应积极培养农业龙头企业，并依靠农业龙头企业带领农户、种养大户、家庭农场、小规模种植养殖基地实现规模化、集约化、品牌化发展。三是三峡库区各区（县）应出台政策大力扶持农产品加工企业、运销企业、进出口企业以及物流配送企业和农产品批发市场的发展，畅通流通渠道，实现农产品"惊险的跳跃"。

7.3 打造具有影响力的三峡库区农产品品牌

7.3.1 加强农产品品牌建设

品牌是一种标识、一种象征、一种理念、一种核心竞争力。农产品品牌的培育与创造的过程，就是三峡库区农产品不断创新的过程，也是三峡库区农产品不断培育核心竞争力的过程。因此，三峡库区各区（县）必须要有品牌意识，加强农产品品牌建设。三峡库区各区（县）应根据区域实际情况，打造 2~3 个特色品牌，以形成一系列具有影响力的三峡库区农产品品牌。在此基础上，三峡库区各区（县）应着力培育更多的重庆市级和国家级农产品名优特品牌，成为中国地理标志产品，成为国家农产品区域公用品牌。同时，为推动三峡库区农产品迅速形成市场品牌效力和影响力，三峡库区各区（县）应建立完善的农产品质量标准体系，并为消费者提供满意的购物体验，促进消费者在网络平台上进行传播分享。

7.3.2 打造农产品品牌的步骤

三峡库区各区（县）应充分利用各种媒体与平台，打造具有影响力的三峡库区农产品品牌。具体分为两步走：第一步，在农产品品牌形成前，为打开市场，三峡库区各区（县）可以采用网络直播（带货直播、网红直播）等方式，吸引消费者的眼球，树立消费者的信心，并通过电子商务平台，实行网上团购，使消费者以较低的价格购买并体验同等质量的农产品，进而培育农产品品牌，并将质量内蕴于品牌之中。第二步，农产品品牌一旦形成，品牌的维护和提升就显得尤为重要，开展情感营销是维护和提升品牌的重要手段。三峡库区各区（县）可以利用春节、中秋节、端午节和国庆节、劳动节等单位发放职工福利传统，推广农产品品牌；可以在主流媒体和政府网站做正面的农产品品牌宣传，让人们更好地了解企业、认识企业，进而了解和熟悉农产品品牌，提升品牌形象。

7.4 加强农产品流通基础设施建设

流通产业是一个非常市场化的产业，但在农产品流通基础设施建设上，不能完全依靠市场。因为农产品流通基础设施具有部分或全部公益性质，应属农村基础设施建设范畴。《国务院办公厅转发商务部等八部门关于进一步做好农村商品流通工作意见的通知》（国办发〔2004〕57号）明确提出："要把农村流通设施纳入农村基础设施建设范围。"因此，三峡库区应当把农产品流通基础设施建设纳入城乡总体规划，加大财政专项投入力度，建立健全农产品流通基础设施体系，为三峡库区农产品流通现代化打下坚实的物质基础。

7.4.1 加大对三峡库区农村道路的建设投资力度

"要想富，先修路""搞流通，上交通"。笔者调研发现，三峡库区各区（县），即使属于重庆市主城区的渝北区、巴南区，也都不同程度存在农村"断头路"现象，不少乡镇农村道路不能有效连接农业种植、加工、销售场所，导致产品不能快速"出山"。因此，重庆市及三峡库区各区（县）政府必须加大对连接农业种植、养殖、加工、销售的农村道路及农村公路网络建设资金投入力度，必须消除农村"断头路"现象，确保农村道路互联互通，建立农产品"流通走廊"，保证农户、农业生产基地与批发市场、农业龙头企业农产品运输通畅，为生鲜农产品的运输提供时间保障，以确保三峡库区特色优质农产品能够快速由田间到餐桌。

7.4.2 建设三峡库区农产品物流配送中心及冷链储备设施

7.4.2.1 建立三峡库区大中型综合型或专业型物流配送中心

三峡库区各区（县）应着力完善农产品物流电子商务平台，以信息技术为基础，整合传统物流企业资源，搭建现代化农产品物流电子商务平台。该平台应集数据分析、信息整理、信息发布、智能配送、库存管理以及流通加工等功能于一体。三峡库区各区（县）通过构建农产品物流体系，连接农产品末端物流链，解决三峡库区农产品流通"最先一公里"难题。

7.4.2.2　完善库区公共物流配送设施建设

三峡库区各区（县）应建设或完善社区、楼宇办公区等地的公共城市物流配送设施，尤其是果蔬冷配中心，解决农产品流通"最后一公里"难题；整合农产品物流供应链，实现从起点到终点农产品物流信息的有效联动，并提供多功能、全方位的农产品物流公共服务。

7.4.2.3　大力发展并建设冷链物流设施

生鲜农产品有易腐烂、不易保存等特点，对物流的保鲜与时间控制具有较高的要求。三峡库区各区（县）冷链物流设施不完善，尤其是预冷库十分紧缺。三峡库区各区（县）应发展冷链物流，建设鲜销农产品冷链物流配送中心，尤其是产地冷冻库和预冷库建设。这是三峡库区生鲜农产品流通发展的关键。三峡库区各区（县）应充分调动冷藏车、冷库等资源，为农产品尤其是生鲜农产品"触网"提供全面的冷链物流服务支撑。

7.4.3　加强三峡库区农产品市场建设

三峡库区不少区（县）仍未建设农产品批发市场、综合市场或专业特色市场。虽然实现了乡镇农贸市场的全覆盖，但不少市场设施简陋，仍有露天经营、大棚式经营情况，与《重庆市农贸市场建设规范（试行）》（渝商委发〔2008〕2019 号）要求有较大差距。农产品市场转型升级缓慢，交易手段落后，仍然沿袭传统出租方式，市场信息化程度低，无法提供检验检测、废物处理、电子结算、信息发布等服务，很难发挥商品集散、形成价格、传递信息、保障安全等功能。商流、物流、人流缺乏及时有效调控，供应链尚未形成。

三峡库区农产品市场建设应重点建设区域性的水果、蔬菜等产地专业市场。尚未有农产品批发市场的区（县）应因地制宜地推进特色突出的农产品专业市场建设。三峡库区各区（县）应探索建设公益性农产品市场，做好公益性大型批发市场建设，重点完善标准化交易区、检测、冷藏、结算等设施设备，加速推进信息化建设和发展电子商务；完善乡镇农贸市场设施建设，合理配置城区菜市场、乡镇农贸市场；推进已有农产品市场转型升级，推进现有农产品交易市场建设及其加工储存、物流配送、电子商务功能完善，从现场现货交易向信息化、规范化、统一结算的商场化、线上线下融合发展转变；切实加强农商对接，以委托生产、订单农业等方式，开展农产品批发等产销对接，形成长期稳定的产销关系，实现农产品生产主体与零售终端、消费加工终端的有效对接。

7.5　推动农产品流通方式现代化

农产品流通现代化，就是要解决农产品"卖得出、卖得好"的问题。为此，三峡库区各区（县）必须实现农产品流通方式现代化。

7.5.1　推进农产品连锁经营

7.5.1.1　发展"农超对接"

"农超对接"是国外普遍采用的一种农产品生产销售模式，是由农户或合作社直接给超市供货的一种销售模式。或者超市直接到农产品产地采购农产品。"农超对接"能有效减少农产品流通环节、降低流通成本。据统计，"农超对接"在减少零售环节过程中能够减少20%~30%的渠道费用，这些费用可以让生产环节的农户和零售终端的超市共同受益。

三峡库区"农超对接"模式有三种，即"超市+合作社+农民社员"的模式、"超市+农业龙头企业+农民"的模式、"超市+农民"的模式。三峡库区发展"农超对接"，一是要搭建"农超对接"平台；二是要培育"农超对接"主体，其中关键是要对新型农业经营主体加强指导和扶持，开展专业化生产，形成规模效益；三是规范"农超对接"行为，核心是推进农产品标准化生产，关键是实现农产品品牌化建设，实现农产品质量可追溯。

7.5.1.2　发展"农社对接"

"农社对接"实现了合作社生产与社区消费需求直接对接。"农社对接"一是在社区开设菜店或综合直销店；二是在政府划定区域实行车载市场限时销售；三是利用网络平台或电话接受订单，通过物流配送到指定地点，实现所谓的高端配送。"农社对接"相比于"农超对接"，能提升合作社的盈利空间，也方便社区居民生活。

7.5.2　创新农产品交易方式

7.5.2.1　农产品拍卖制度试验试点

三峡库区可以选择条件相对完备的一两个区（县），比如万州区，开展农产品批发市场农产品拍卖制度试验试点，逐步推广拍卖、合约交易等交易方式。在试点过程中，拍卖设施不完备的农产品批发市场可以暂时采取传统的叫价方式；标准化和规格化高的农产品批发市场，可以开展电脑拍卖试点。三峡库区可以在试点实施中充分借鉴深圳市"布吉模式"的做法。

7.5.2.2　发展农产品期货交易

一般的农户、种养大户、家庭农场，生产规模较小，不具备直接利用期货市场的能力和条件。三峡库区可以选择一两个区（县），通过农民专业合作社、农业产业化龙头企业把农户、种养大户、家庭农场和期货市场结合起来，试行建立"期货合作社"，发展农产品远期交易，进而发展农产品期货交易。"期货合作社"的建立有两种方式：一是建立"农企联合期货合作社"，即农民专业合作社或农业龙头企业代表农户与订单企业签订远期订单合同，利用期货市场规避风险；二是建立"农信互动期货合作社"，即信贷机构根据农户与农民专业合作社、农业龙头企业签订的期货销售协议向农民专业合作社提供一定贷款，农民专业合作社以这笔贷款开展资金互助，联结更多农户进入合作社。

7.5.3　创新农产品网络营销方式

创新农产品网络营销方式是网络化、智能化时代农产品流通现代化的必然要求。三峡库区农产品流通应充分利用网络化、智能化，开展农产品网络营销，不断创新农产品网络营销方式。

三峡库区农产品网络营销可以通过"农产品+电商平台""农产品+可视农业""农产品+微商""农产品+餐饮""农产品+网络直播""农产品+众筹""农产品+社群""农产品+直销店""农产品+认养""农产品+网红直播"等方式来实现。无论采用何种网络营销方式，农产品的品质、品牌都是关键。

目前，农产品最流行的营销方式就是"农产品+网络直播"。该方式把人、物、场景融为一体，通过网络直播让用户增强对农产品的信心和信任，并可以很好地推广农产品及其品牌。网络直播的优点是新奇时髦；用户亲眼所见，提高购买信心；用户参与互动，获得满足感。网络直播需要解决的核心问题是网络主播的知名度（企业创始人或明星是较好的选择）和用户下单后安全快捷的物流与配送服务。农户在进行网络直播的同时，可以在淘宝、京东等电商平台同步销售农产品。

7.6 提高农产品流通技术水平

7.6.1 提高农产品加工技术水平

落后的农产品加工已不能适应三峡库区农业产业化和农产品流通现代化发展的需求。为有效解决这一矛盾，重庆市和三峡库区各区（县）应积极鼓励农业产业化龙头企业和科研院所联合进行新产品研发，联合进行农产品精深加工技术与保鲜技术科研攻关。

7.6.2 提高农产品信息技术水平

三峡库区各区（县）应加强农业数字化工程建设与农网建设，并充分利用计算机、因特网、通信设施和社会媒体，以信息的网络化为重点，搭建一个以市场为中心的农产品信息平台，指导农业生产和促进农产品流通。

7.6.3 提高农产品流通标准化程度

（1）加强农产品包装标准化建设。三峡库区应注重对农产品进行标准化包装，减少运输空间，提高物流运输量，降低物流成本；注重并引导农产品分级包装上市，推动农产品质量等级化、重量标准化、包装规格化以及农产品品牌化，使农产品有区别、易鉴别。

（2）加强农产品质量标准体系建设。三峡库区农业主管部门应当与食品卫生、质量监督等部门开展合作，根据不同产地、不同特色的农产品，建立分产品、分行业的类型多样的农产品质量标准体系，并建立农产品质量标准的管理制度体系；建立与国际标准接轨的、以无公害农产品认证为主体的、以绿色食品和有机食品以及农业投入品认证为补充的认证体系；在认证监督的同时，建立库区农产品质检系统。

7.6.4 建立农产品质量溯源机制

农产品质量安全是基本民生所需，三峡库区必须建立农产品质量溯源机制。三峡库区可以通过加入阿里巴巴平台"满天星"溯源计划实现农产品质量追溯。农产品的包装必须附带二维码标签等追溯基本信息，实现"一品一码"的线上销售。消费者可以通过扫二维码获取农产品的来源地、营养成分、农药残留检测结果等信息，清晰直观地了解农产品的基本情况。

7.7 加快推进农产品流通信息化建设

7.7.1 建设农村经济信息体系

三峡库区应建设农村经济信息体系，实现政府、农产品供应者、农产品消费者与销售市场的有效连接；通过电视、广播、报纸与网络等媒体，有效衔接农产品生产和消费间的信息、区域间的信息。

7.7.2 搭建农产品信息发布平台

三峡库区应搭建农产品信息发布平台，连接政府与农产品各市场流通主体，采集与发布农产品市场交易信息。种养大户、家庭农场、农民专业合作社、农业协会、农业龙头企业、农民经纪人等都可以是信息发布或接受的主体。三峡库区应依托农产品批发市场与生产基地，通过网络、媒体和公告牌等方式搭建农产品产销信息发布平台。有条件的市场和基地还可以建立信息大屏幕与电子触摸屏，做到市场信息的"一点通"。

7.7.3 成立专门的农产品市场预测机构

三峡库区有条件的区（县）可以成立农产品市场预测机构，分析本区域农产品尤其是特色优势农产品市场信息，预测其发展走势，适时向农户以及种养大户、家庭农场、农民专业合作社、农业龙头企业发布农产品供求行情信息。

7.7.4 建立有效的农产品监控机制

三峡库区应建设农产品监测统计队伍，推进监测统计工作制度化规范化，有效甄别所收集的农产品信息；在做好常规监测的同时，密切跟踪监控粮油等大宗农产品和猪肉、牛羊肉、禽肉、禽蛋、蔬菜、水果、水产品等"菜篮子"重点品种价格变化，提升预测预警与监控水平。

7.8 加快农产品流通人才培养培训

7.8.1 建立农产品流通人才培养培训合作机制

三峡库区农产品流通现代化必须实现农产品流通从业人员的现代化。提升农产品生产和流通从业人员素质是基本前提。三峡库区应培育农产品流通主体和相关从业人员的农产品流通思维和意识。单纯依托学校不可能培养出完全符合市场经济需要的农产品流通人才。政府、企业、科研机构和学校需要协同配合，准确定位与分工，建立农产品流通人才培养培训的合作机制，发挥各自在农产品流通人才培养培训中的作用。政府通过与企业或相关机构的合作，创办农民工学校或农民专业培训机构，开展有效的特色农产品专业人才培训；通过与高校、农技站、区（县）职业学校的合作，开设农产品生产、流通的基础知识培训课程，开展多层次的农产品流通人才培养培训；通过激励政策，尽可能引导更多的大学生村官、返乡创业青年等加入培训，为现代农业培育大量专业性人才，提高整个三峡库区农产品流通水平。

7.8.2　农产品流通人才培养培训的具体思路

农产品流通人才培养培训具体思路如下：第一，三峡库区应开展多形式、分层次的培训，如线上网课和线下培训相结合的方式，海报、视频宣传等视觉体验的方式。三峡库区应根据农产品生产和流通对人才需求的实际情况，开设具有科学性、针对性、实用性的课程，培育现代农产品流通人才。第二，三峡库区应利用高校的师资资源，开办涉农专业；依托农技站，建设农民田间学校；依托区（县）职业学校，开展农产品流通人才职业教育。第三，三峡库区应积极试点和实施新型职业农民培育工程，开展柑橘、李子、茶叶、水稻等特色产业及农产品营销的专题培训。

7.9　本章小结

本章在对三峡库区农产品流通现代化评价、影响机理分析、空间关联分析以及前人相关研究基础上，提出了三峡库区农产品流通现代化可供选择的路径与对策。其具体包括：第一，构建农产品流通现代化协作机制，包括构建县域农产品流通现代化协作机制和区域间农产品流通现代化协作机制。第二，提高农产品流通组织化程度，包括发展种养大户、家庭农场、农民专业合作社、农业产业化龙头企业。第三，打造具有影响力的三峡库区农产品品牌。第四，加强农产品流通基础设施建设，包括加大对三峡库区农村道路的建设投资力度，建设三峡库区农产品物流配送中心及冷链储备设施，加强三峡库区农产品市场建设。第五，推动农产品流通方式现代化，包括推进农产品连锁经营，发展"农超对接"和"农社对接"，创新农产品交易方式和网络营销方式。第六，提高农产品流通技术水平，包括提高农产品加工技术和农产品信息技术水平、农产品流通标准化程度，建立三峡库区农产品质量溯源机制。第七，加快推进农产品流通信息化建设，包括建设农村经济信息体系和搭建农产品信息发布平台，成立农产品市场预测机构，建立有效的农产品监控机制。第八，加快农产品流通人才培养培训。

8

研究结论与展望

本章首先对本书的研究结论进行归纳和总结，其次结合研究的不足和当前三峡库区农产品流通的现实情况提出了未来的研究展望。

8.1 研究结论

本书围绕着三峡库区农产品流通现代化展开研究，得出以下结论：

第一，从三峡库区农产品流通现代化指标体系来看，三峡库区农产品流通现代化主要分为三峡库区农产品流通发展状态现代化、三峡库区农产品流通主体能力现代化和三峡库区农产品流通体制现代化。本书利用熵权法计算出三峡库区流通主体能力现代化在指标体系中占据的权重较大，在一定程度上说明三峡库区流通主体能力对三峡库区农产品流通现代化的作用较大。

第二，从三峡库区各区（县）农产品流通现代化得分来看，各区（县）农产品流通现代化水平呈现层级分布的态势，各区（县）间农产品流通现代化水平依然存在着一定的地区差距。其中，开州区的得分最高，处于第一梯队；忠县、万州区、石柱县和长寿区处于第二梯队；云阳县、涪陵区、江津区、武隆区和丰都县处于第三梯队；奉节县、巴南区、巫山县、渝北区和巫溪县农产品流通现代化水平较低，处于第四梯队。从农产品流通现代化各个指标之间比较来看，云阳县、石柱县、忠县、巫溪县的短板在于流通主体能力，万州区、长寿区、涪陵区、武隆区的短板在于流通发展状态，江津区、丰都县、奉节县、巴南区的短板在于流通体制，渝北区的短板在于流通发展状态和流通主体能力，巫山县的短板在于流通发展状态和流通体制。

第三，从三峡库区农产品流通现代化的影响机理来看，农民的基础能力对农产品流通现代化的影响显著。其中，互联网技能、交换意识、精英带动对农产品流通现代化有显著的正向影响。流通主体发展水平对农产品流通现代化的影响显著。其中，家庭农场发展水平对农产品流通现代化有显著的正向影响，农民专业合作社对农产品流通现代化有显著的正向影响，农业龙头企业的带动能力对农产品流通现代化有显著的正向影响。地区要素市场对农产品流通现代化有正向影响，但不显著。农民专业合作社的发展水平系数 β 较大，说明三峡库区农民专业合作社的发展水平对农产品流通现代化水平的拉动能力较大。

本书从重点库区和非重点库区的角度对异质性进行分析，主要根据重点库区和非重点库区进行分组，分别进行回归。结果显示，农民基础能力、流通主体发展水平、地区物流条件无论是重点库区还是非重点库区对农产品流通现代化依然有显著的正向影响。重点库区的地区要素市场对农产品流通现代化具有显著的正向影响，而非重点库区的地区要素市场对农产品流通现代化的影响依然不显著。地区金融支持对重点库区的农产品流通现代化的影响依然显著，但是对非重点库区的农产品流通现代化的影响不显著。其中，农民专业合作社发展水平的系数 β，无论是在重点库区还是在非重点库区都较大，但重点库区的系数大于非重点库区的系数，说明农民专业合作社在重点库区对农产品流通现代化的拉动力度更大。农业龙头企业的带动能力对三峡库区重点库区和非重点库区农产品流通现代化的影响都有显著的正向影响，但是非重点库区农业龙头企业的带动能力系数大于重点库区农业龙头企业的带动能力系数，说明在非重点库区农业龙头企业的带动能力对农产品流通现代化的拉动能力要大于在重点库区农业龙头企业的带动能力对农产品流通现代化的拉动能力。因此，不同流通主体的发展水平对重点库区和非重点库区的农产品流通现代化影响程度不同，重点库区的农产品流通现代化主要依靠农民专业合作社带动，非重点库区的农产品流通现代化主要依靠农业龙头企业带动。

从行政级别的差别来看，县级地区的要素市场对农产品流通现代化具有显著的正向影响，而区级地区的要素市场对农产品流通现代化的影响依然不显著。地区金融支持对县级地区的农产品流通现代化的影响依然显著，但是对区级地区的农产品流通现代化的影响不显著。区级地区和县级地区的互联网使用强度、精英带动都对农产品流通现代化有显著的正向影响，区别是区级地区互联网使用强度的系数 β 大于县级地区互联网使用强度的系数 β，区级地区精英带动的系数 β 大于县级地区精英带动的系数 β。可能的原因是，区级地区由于行政级别较高，受政策红利的影响，其互联网基础设施水平和农民素质相对于县级地区较高，在区级地区互联网使用强度和精英带动对农产品流通现代化的影响更大。因此，行政级别的区别在一定程度上会对三峡库区农产品流通现代化产生影响。

进一步分析来看，互联网基础设施对农产品流通现代化有显著的正向影响，互联网基础设施在农民互联网使用强度和农产品流通现代化之间起正向调节作用，即互联网基础设施水平越高，农民互联网使用强度对农产品流通现代化的正向影响越大。创业氛围对农产品流通现代化有显著的正向影响，创业氛围在精英带动和农产品流通现代化中起正向调节作用，即创业氛围越好，精英带动对农产品流通现代化的正向影响越大。家庭农场的协作能力对农产品流通现代化的影响不显著，家庭农场的协作能力的调节作用不显著。农民专业合作社的协作能力对农产品流通现代化有显著的正向影响，农民专业合作社的协作能力在农民专业合作社的发展水平和农产品流通现代化之间起正向调节作用，即农民专业合作社的协作能力越强，农民专业合作社发展水平对农产品流通现代化的正向影响越大。农业龙头企业的协作能力对农产品流通现代化有显著的正向影响，农业龙头企业的协作能力在农业龙头企业的带动能力对农产品流通现代化的影响中起倒"U"形调节作用，即农业龙头企业的协作能力越强，农业龙头企业带动能力对农产品流通现代化的影响越大，但是当农业龙头企业的协作能力到达一定的阈值之后，将不利于农业龙头企业带动能力对农产品流通现代化的影响。物流信息化水平对农产品流通现代化有显著的正向影响，物流信息化水平在地区物流条件和农产品流通现代化之间起正向调节作用，即物流信息化水平越高，地区物流条件对农产品流通现代化的正向影响越大。

第四，从三峡库区农产品流通现代化空间关联的整体网络特征看，三峡库区各区（县）农产品流通现代化空间关联的紧密度不高，但是各区（县）之间的关联度较高，连通效果较好，说明三峡库区农产品流通现代化空间关联网络中各区（县）都或多或少与其他区（县）产生关联关系。从个体网络特征看，经济发展较好的万州区、涪陵区、长寿区的点度中心度明显高于经济发展相对较差的巫山县、巫溪县，说明农产品流通现代化在空间上和经济发展及农业发展呈现一定的耦合关系。三峡库区15个区（县）的接近中心度均处于一个较高的水平，说明三峡库区各县（区）农产品流通现代化均能较快地与其他区（县）发生关联。三峡库区农产品流通现代化中介中心度最高的为万州区，其次是涪陵区，这说明在三峡库区农产品流通现代化空间网络中，大多数关联是通过万州区和涪陵区开展的，处于三峡库区内部偏远地区的巫山县、巫溪县以及三峡库区边缘的渝北区、巴南区的中介中心度普遍较低，说明这些区（县）在农产品流通现代化网络中通常是被支配的地位。石柱县、武隆区的中介中心度较高，说明在局部区域起到一定的中介作用。从块模型分析结果看，本书主要将三峡库区各区（县）分为四个板块。板块一（净受益板块）有万州区、开州区、忠县，板块二（净溢出板块）有云阳县、

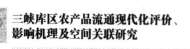

奉节县、巫山县、巫溪县、丰都县，板块三（双向溢出板块）有涪陵区、渝北区、巴南区、江津区，板块四（经纪人板块）有长寿区、石柱县、武隆区。从三峡库区农产品流通现代化空间关联网络的影响因素上看，地理距离、产业结构和农民专业合作社对三峡库区农产品流通现代化空间关联有显著的负向影响，说明地理距离越短、产业结构差距越小、农民专业合作社发展水平差距越小对三峡库区农产品流通现代化的空间关联影响越大，也说明三峡库区各区（县）协作讲究"门当户对"。农民专业合作社的发展水平影响显著而农业龙头企业和家庭农场的发展水平影响不显著也再一次验证了三峡库区农产品流通现代化的发展受农民专业合作社的拉动影响较大。

第五，本书通过理论研究和实证分析得知三峡库区应从农产品流通现代化协作机制、农产品流通组织化程度、农产品流通主体水平等八个方面提高农产品流通现代化水平。具体包括：一是构建农产品流通现代化协作机制，包括构建县域农产品流通现代化协作机制和区域间农产品流通现代化协作机制。二是提高农产品流通组织化程度，包括发展种养大户和家庭农场、农民专业合作社、农业产业化龙头企业。三是打造具有影响力的三峡库区农产品品牌。四是加强农产品流通基础设施建设，包括加大对三峡库区农村道路的建设投资力度，建设三峡库区农产品物流配送中心及冷链储备设施，加强三峡库区农产品市场建设。五是推动农产品流通方式现代化，包括推进农产品连锁经营，发展"农超对接"和"农社对接"，创新农产品的交易方式和网络营销方式。六是提高农产品流通技术水平，包括提高农产品加工技术和农产品信息技术水平、农产品流通标准化程度，建立三峡库区农产品质量溯源机制。七是加快推进农产品流通信息化建设，包括搭建农村经济信息体系和农产品信息发布平台，成立农产品市场预测机构，建立有效的农产品监控机制。八是加快农产品流通人才培养培训。

8.2　研究展望

本书通过理论分析、现状分析、实证分析和对策分析探究三峡库区农产品流通现代化的发展，为推进三峡库区农产品流通现代化提供参考借鉴。本书对三峡库区农产品流通现代化研究进行了初步探讨,限于笔者有限的水平和精力,研究还有待进一步深入。

第一,在研究内容上,未来的研究可以从供应链中的流通环节及基于流通主体的商业生态系统入手,从微观的角度进一步分析流通主体及各个流通环节对现代化的影响与路径。同时,未来的研究可以形成国内外其他典型地区农产品流通现代化发展的典型案例。

第二,在研究样本与数据选择上,本书主要分析了三峡库区这一独特地理单元的农产品流通现代化,但是随着时间的推移,三峡库区的独特性会逐渐褪去,因此未来的研究可以侧重于重庆地区、西部地区以及长江经济带的农产品流通现代化研究,或者侧重于三峡库区与长江经济带、西部地区在农产品流通现代化的空间融合。本书主要利用 2018 年的截面数据对三峡库区农产品流通现代化展开研究,未来的研究可以利用追踪调研的方式形成时间序列数据,对三峡库区一段时期内的农产品流通现代化的变化及空间融合变化展开分析。

参考文献

［1］李飞. 分销渠道：设计与管理［M］. 北京：清华大学出版社，2003：2.

［2］郭冬乐. 中国商业理论前沿［M］. 北京：社会科学文献出版社，2001：2.

［3］STERN L W，E I - ANSARY AI. Marketing channel［M］. London：Prentice Hall，1992.

［4］夏春玉. 流通、流通理论与流通经济学：关于流通经济理论（学）的研究方法与体系框架的构想［J］. 财贸经济，2006（6）：32-37，96.

［5］吴健安. 市场营销学［M］. 2版. 北京：高等教育出版社，2004：289.

［6］李飞. 分销渠道：设计与管理［M］. 北京：清华大学出版社，2004：2-3.

［7］迈克尔·贝克. 市场营销百科［M］. 李坦，译. 大连：辽宁教育出版社，1998：100.

［8］陶琲，杨谦，李飞. 商业论［M］. 大连：辽宁教育出版社，1991：23.

［9］黄国雄，曹厚昌. 现代商学通论［M］. 北京：人民日报出版社，1997：530.

［10］丁俊发，张绪昌. 跨世纪的中国流通发展战略［M］. 北京：中国人民大学出版社，1998：30.

［11］晏维龙. 论我国流通产业现代化［N］. 经济日报，2002-12-23（08）.

［12］宋则，张弘. 中国流通现代化评价指标体系研究［J］. 商业时代，2003（11）：2-3.

［13］夏春玉，瞿春玲，李飞. 中国商品流通现代化研究综述［J］. 商业经济与管理，2010（9）：5-11.

［14］王广深，马安勤. 农产品流通现代化的内涵及作用研究［J］. 现代商业，2007（16）：15.

［15］胡永仕，王健. 我国农产品流通现代化路径分析［J］. 物流技术，2009（12）：33-35，92.

［16］郑鹏，李崇光. 农业现代化背景下农产品流通现代化的路径选择：一个理论分析框架［J］. 中国流通经济，2012（5）：24-29.

［17］张义珍. 我国农业经营主体的现状与发展趋势［J］. 新疆农垦经济，1998（5）：3-5.

［18］李铜山，刘清娟. 新型农业经营体系研究评述［J］. 中州学刊，2013（3）：48-54.

［19］程艳. 商贸流通理论的发展及评述［J］. 浙江学刊，2007（5）：181-185.

［20］黄火键，李原园. 现代化研究综述［J］. 水利规划设计，2002（4）：17-22.

［21］何传启. 世界现代化研究的三次浪潮［J］. 中国科学院院刊，2003（3）：185-190.

［22］塞缪尔·亨廷顿. 变化社会中的政治秩序［M］. 王冠华，刘为，译. 上海，上海人民出版社，2008：45.

［23］罗纳德·英格尔哈特. 现代化与后现代化［M］. 严挺，译. 北京：社会科学文献出版社，2013.

［24］艾森斯塔特. 现代化：抗拒与变迁［M］. 张旅平，等译. 北京：中国人民大学出版社，1988.

［25］C. E. 布莱克. 现代化的动力［M］. 段小光，译. 成都：四川人民出版社，1988.

［26］何传启. 第二次现代化.［M］. 北京：高等教育出版社，1999.

［27］孙剑，李崇光. 美国和日本主要农产品营销渠道比较［J］. 世界农业，2003（03）：33-35.

［28］JON C PHILLIPS. The production and marketing of differentiated agricultural products：Implications for agribusiness strategy［D］. Lansing：Michigan State Vniversity，2002.

［29］CANAVAN O, HENCHION M, O'REILLY S. The use of the internet as a marketing channel for irish speciality food［J］. International Journal of Retail & Distribution Management，2007（35）：178-195.

［30］HUNT A R, MATTESON G. More than counting beans：Adapting USDA data collection practices to track marketing channel diversification［J］. Journal of Agriculture, Food Systems, and Community Development，2012（2）：1-17.

［31］CHRISTENSEN J Q. Assessing the market channel performance of colorado fruit and vegetable producers［D］. Fort Collins：Colorado State Vnniversity，2017.

［32］KAKATI R P, CHAKRABORTY M B. Evaluation of traditional marketing channels of agricultural produce：Paddy and rice［J］. IUP Journal of Marketing Management，2017（16）：54-69.

［33］VALENZUELA O A. Models for planning the supply chain of agricultural perishable products［D］. Phoenix：Arizona State Vniversity，2008.

［34］NARASALAGI V M, HEGADE G A. A comparative study on profitability of supply chain formats in vegetable marketing in Karnataka［J］. Journal of Supply Chain Management Systems，2013（2）：33-36

［35］ISLAM S M S, HOQUE M A. A joint economic lot size model for a supplier-manufacturer-retailers supply chain of an agricultural product［J］. Opsearch，2017（54）：868-885.

［36］MOON I, SAHA S. Investment and coordination decisions in a supply chain of fresh agricultural products［J］. Operational Research，2018（6）：1-25.

［37］MCLEAY F, MARTIN S, ZWART T. Farm business marketing behavior and strategic groups in agriculture［J］. Agribusiness（1986—1998），1996（12）：339.

[38] MCLEAY F, TONY Z C, BRUCE T W. Factors affecting choice of cash sales versus forward marketing contracts [J]. Agribusiness (1986—1998), 1998 (14): 299.

[39] WOLLNI M. ZELLER M. Do farmers benefit from participating in specialty markets and cooperatives? The case of coffee marketing in costa rica [J]. Agricultural Economics, 2007, 37: 243-248.

[40] HIGGINS C. Consumer preferences and characteristics regarding farmers' markets [D]. Laramie: Vniversity of Wyoming, 2009.

[41] NWIGWE C, et al. Socioeconomic factors affecting intensity of market participation among smallholder yam-based system farmers in oyo north area of Nigeria [J]. International Journal of Economic Perspectives, 2009 (3): 131 - 140, 152.

[42] MICHELSON H. Small farmers and big retail: Trade-offs and dynamics of supplying supermarkets in nicaragua Available from EconLit [D]. Ithaca: Cornell Vnivrsity, 2012.

[43] MONTRI D N. Sustaining farmers markets in low-income, urban areas: Exploring farmer participation and market development [D]. Lansing: Michigan State Vniversity, 2012.

[44] ABU B M, et al. Farmgate versus market centre sales: A multi-crop approach [J]. Agricultural and Food Economics, 2006 (4): 1-16.

[45] Ward J D. Performance of cooperatives in northern thailand: A case study of sanpatong and hangdong cooperatives [C]. 2012.

[46] JEPSON W. Producing a modern agricultural frontier: Firms and cooperatives in eastern mato grosso, Brazil [J]. Economic Geography, 2006 (82): 289-316.

[47] BERNARD T, SPIELMAN D J. Reaching the rural poor through rural producer organizations? A study of agricultural marketing cooperatives in ethiopia [J]. Food Policy, 2009 (34): 60-69.

[48] BERNARD T, et al. Cooperatives for staple crop marketing: Evidence from Ethiopia [R]. International Food Policy Research Institute, 2010.

［49］KASSAM L, et al. Aquaculture farmer organizations and cluster manage-ment：Concepts and experiences ［C］. FAO Fisheries and Aquaculture Technical Paper, 2011.

［50］DESALVA C. Addressing the undersupply of local and organic food to mid-level institutions：A model for successful agricultural cooperatives ［D］. Beth-lehem：Lehigh Vniversity，2012.

［51］ALHO E. Farmers' self-reported value of cooperative membership：Evi-dence from heterogeneous business and organization structures ［J］. Agricultural and Food Economics, 2015（3）：1-22.

［52］TADESSE G, KASSIE G T. Measuring trust and commitment in collective actions ［J］. International Journal of Social Economics，2017（44）：980-996.

［53］李飞. 商品流通现代化内涵的探讨 ［J］. 北京工商大学学报（社会科学版），2003（5）：1-6.

［54］李飞，刘明葳. 中国商品流通现代化的评价指标体系研究 ［J］. 清华大学学报（哲学社会科学版），2005（3）：12-17.

［55］姚红. 流通现代化理论与实证分析 ［D］. 北京：中国人民大学，2005.

［56］文启湘，郭妍. 我国农产品流通现代化组织体系模式探讨及其构建 ［C］// 中国商业经济学会. "2003 推进商贸流通现代化" 研讨会论文集，2003：10.

［57］刘芳. 农村商品流通现代化的模式分析 ［J］. 北方经济，2008（1）：26-28.

［58］全新顺，吴宜. 农村流通现代化研究综述 ［J］. 物流工程与管理，2009（1）：33-34.

［59］王岳含. 我国农产品现代化流通模式构建 ［J］. 商业经济研究，2016（17）：160-162.

［60］齐艳，贾晋. 国内外农产品流通现代化模式研究 ［J］. 世界农业，2014（8）：91-93，99.

［61］纪良纲. 研究流通产业升级的创新之作 ［J］. 财贸经济，2006（12）：94.

［62］赵显人. 促进我国农产品流通现代化［J］. 农村工作通讯，2009（23）：6-7.

［63］李连英，李崇光. 中国特色农产品流通现代化的主要问题与对策［J］. 中国流通经济，2012（2）：21-26.

［64］胡瑜杰. 新零售背景下农产品流通现代化升级路径探析［J］. 商业经济研究，2018（11）：131-133.

［65］张江华，朱道立. 构建农村商品流通现代化指标体系［J］. 物流技术，2006（7）：85-87.

［66］涂洪波. 农产品流通现代化评价指标的实证遴选及应用［J］. 中国流通经济，2012（6）：18-23.

［67］涂洪波. 中美日法农产品流通现代化关键指标之比较［J］. 中国流通经济，2013（1）：22-27.

［68］王伟新，祁春节. 我国农产品流通现代化评价指标体系的构建与测算［J］. 经济问题探索，2013（1）：128-133.

［69］涂洪波，赵晓飞，孙剑. 我国农产品流通现代化的模糊综合评价［J］. 华中农业大学学报（社会科学版），2014（1）：78-85.

［70］涂洪波，李崇光，孙剑. 我国农产品流通现代化水平的实证研究：基于2009年省域的数据［J］. 北京工商大学学报（社会科学版），2013（1）：20-27，43.

［71］李崇光，赵晓飞，孙剑，等. 中国农产品流通现代化研究［M］. 北京：学习出版社，2016.

［72］周丹，杨晓玉，姜鹏. 中国重要农产品流通现代化水平测度与实证研究：基于2000—2014年度省际面板数据［J］. 贵州财经大学学报，2016（5）：22-28.

［73］王杜春. 如何构建黑龙江农产品现代流通体系［J］. 商业时代，2007（8）：98-99.

［74］丁俊发.《物流业调整和振兴规划》的重点与亮点［J］. 中国流通经济，2009（7）：11-14.

［75］杨春梅，郑继兴. 现代农业市场化体系构建与运行机制研究［J］. 江苏商论，2010（9）：32-34.

[76] 孙前进. 中国现代流通体系框架构成探索 [J]. 中国流通经济, 2011 (10)：12-16.

[77] 黄国雄. 关于推进我国现代流通体系建设的几点建议 [J]. 财贸经济, 2011 (3)：5-10, 136.

[78] 宋则. 构建现代商贸流通体系相关问题研究：基于通货膨胀治理的视角 [J]. 广东商学院学报, 2011 (2)：4-8, 53.

[79] 王晓红. 我国农产品现代流通体系建设研究 [J]. 经济体制改革, 2011 (4)：73-76.

[80] 徐从才, 唐成伟. 现代农产品流通体系的构建研究 [J]. 商业经济与管理, 2012 (4)：5-10.

[81] 田野, 赵晓飞. 我国农产品现代流通体系构建 [J]. 中国流通经济, 2012 (10)：19-24.

[82] 张晓林, 罗永泰. 基于全产业链的农产品流通困局与流通体系建设研究 [J]. 商业经济与管理, 2012 (12)：16-22.

[83] 王德章, 周丹. 我国重要农产品流通体系建设与管理创新 [J]. 中国流通经济, 2013 (2)：16-21.

[84] 刘天军, 胡华平, 朱玉春, 等. 我国农产品现代流通体系机制创新研究 [J]. 农业经济问题, 2013 (8)：20-25, 110.

[85] 王丽颖, 陈丽华. 我国发展现代农产品流通体系的对策研究 [J]. 社会科学家, 2013 (5)：37-40.

[86] 张梅. 基于冷链物流的鲜活农产品流通体系创新研究 [J]. 物流工程与管理, 2014 (1)：119-121.

[87] 薛建强. 中国农产品流通模式比较与选择研究 [D]. 大连：东北财经大学, 2014.

[88] 翟永平. 推进农产品流通体系升级 [J]. 中国物流与采购, 2015 (7)：34-36.

[89] 陈金龙, 李思庚. 构建农产品流通体系促进农业发展方式转变 [J]. 中国合作经济, 2016 (12)：10.

[90] 李玉梅. 互联网时代现代农产品流通体系建设研究 [J]. 商业经济研究, 2017 (7)：165-166.

[91] 郑琛誉, 李先国, 张新圣. 我国农产品现代流通体系构建存在的问题及对策 [J]. 经济纵横, 2018 (4): 125-128.

[92] 李丽, 刘敬圆, 刘文秀. 农产品流通体系及效率的内涵界定 [J]. 商业经济研究, 2019 (10): 118-119.

[93] 周丹, 杨晓玉. 改革开放后中国重要农产品流通体系建设的宏观管理政策演进 [J]. 商业经济, 2020 (6): 105-106, 150.

[94] 郭崇义, 等. 基于流通实力的农产品流通模式选择及优化 [J]. 北京工商大学学报 (社会科学版), 2009 (4): 7-11.

[95] 赵剑. 以批发市场为中心的蔬菜物流发展模式研究: 以四川彭州为例 [J]. 农村经济, 2010 (7): 116-118.

[96] 杨青松. 农产品流通模式研究 [D]. 北京: 中国社会科学院, 2011.

[97] 赵晓飞, 李崇光. 农产品流通渠道变革: 演进规律、动力机制与发展趋势 [J]. 管理世界, 2012 (3): 81-95.

[98] 侯建昀, 霍学喜. 高价值农产品流通渠道的关键问题与政策导向 [J]. 中国流通经济, 2015 (5): 27-33.

[99] 刘鹏. 鲜活农产品物联网流通渠道发展探究 [J]. 改革与战略, 2017 (6): 103-106.

[100] 卢奇, 洪涛, 张建设. 我国特色农产品现代流通渠道特征及优化 [J]. 中国流通经济, 2017 (9): 8-15.

[101] 赵大伟, 景爱萍, 陈建梅. 中国农产品流通渠道变革动力机制与政策导向 [J]. 农业经济问题, 2019 (1): 104-113.

[102] 王春娟, 赖阳. 农产品流通渠道变迁: 理论与模型 [J]. 商业经济研究, 2020 (7): 123-127.

[103] 李骏阳, 余鹏. 对我国流通效率的实证分析 [J]. 商业经济与管理, 2009 (11): 14-20.

[104] 洪涛. 降低流通成本、提高流通效率的路径选择 [J]. 中国流通经济, 2012 (12): 30-35.

[105] 郭守亭, 等. 中国流通效率的测度与演进趋势 [J]. 北京工商大学学报 (社会科学版), 2013 (6): 12-19.

[106] 寇荣, 谭向勇. 论农产品流通效率的分析框架 [J]. 中国流通经济, 2008 (5)：12-15.

[107] 张磊, 等. 农产品流通效率的概念界定及评价指标设计 [J]. 华东经济管理, 2011 (4)：18-21.

[108] 孙剑. 我国农产品流通效率测评与演进趋势：基于 1998—2009 面板数据的实证分析 [J]. 中国流通经济, 2011 (5)：21-25.

[109] 赵锋. 广西农产品流通效率评价探析 [J]. 物流工程与管理, 2011 (12)：99-100.

[110] 吕丹. 基于 AHP 的农产品流通效率指标评估 [J]. 物流工程与管理, 2013 (10)：122-126.

[111] 王仁祥, 孔德树. 中国农产品流通效率评价模型构建及其应用 [J]. 辽宁大学学报 (哲学社会科学版), 2014 (4)：64-73.

[112] 陈金波, 戴化勇. 农产品流通效率的评价、影响因素与对策研究 [J]. 湖北农业科学, 2014, 53 (6)：1483-1488.

[113] 汪旭晖, 文静怡. 我国农产品物流效率及其区域差异：基于省际面板数据的 SFA 分析 [J]. 当代经济管理, 2015 (37)：26-32.

[114] 周峻岗, 尚杰. 基于不同流通模式的农产品流通效率评价研究 [J]. 安徽农业科学, 2015 (43)：317-325.

[115] 陈耀庭, 等. 不同流通模式下农产品流通效率比较研究 [J]. 农业经济问题, 2015 (36)：68-74, 111.

[116] 李燕京. 农产品流通效率测量与指标选择研究 [J]. 价格月刊, 2015 (1)：88-90.

[117] 王娜, 张磊. 农产品流通效率的评价与提升对策研究：基于流通产业链视角的一个分析框架 [J]. 农村经济, 2016 (4)：109-114.

[118] 张永强, 等. 我国农产品流通效率的测度指标及实证分析 [J]. 农村经济, 2017 (4)：93-99.

[119] 李专, 于爱森. 中国农产品流通效率的实证分析 [J]. 农业经济, 2016 (8)：131-133.

[120] 欧阳小迅, 黄福华. 我国农产品流通效率的度量及其决定因素：2000—2009 [J]. 农业技术经济, 2011 (2)：76-84.

[121] 崔振洪. 基于 DEA 的 Malmquist 指数分析法在农产品流通效率评价中的应用 [J]. 齐齐哈尔大学学报（哲学社会科学版），2013（5）：59-60.

[122] 黄桂红，张丽亚. 基于农户视角的生鲜农产品流通效率实证研究：以赣南脐橙为例 [J]. 物流技术，2015（11）：122-125，129.

[123] 李靓，穆月英. 批发市场主导模式下不同渠道蔬菜流通效率的比较：基于微观农户视角的 DEA-Tobit 模型 [J]. 中国流通经济，2017（4）：69-76.

[124] 杨宝宏，郭红莲，魏国辰. 提高生鲜农产品流通效率的探讨：深圳"布吉模式"的启示 [J]. 物流技术，2009（2）：28-30，37.

[124] 胡强仁. 农产品流通过程中的影响因素研究 [J]. 中国商贸，2011（36）：24-25.

[126] 龚梦，祁春节. 我国农产品流通效率的制约因素及突破点：基于供应链理论的视角 [J]. 中国流通经济，2012（11）：43-48.

[127] 杨燕，王伟. 从消费者角度看特色农产品电子商务发展 [J]. 山西农业大学学报（社会科学版），2011（1）：68-71.

[128] 杨会全. 农村电子商务发展研究述评 [J]. 安徽农业科学，2014（5）：1539-1541.

[129] 穆燕鸿，王杜春，迟凤敏. 基于结构方程模型的农村电子商务影响因素分析：以黑龙江省 15 个农村电子商务示范县为例 [J]. 农业技术经济，2016（8）：106-118.

[130] 姚庆荣. 我国农村电子商务发展模式比较研究 [J]. 现代经济探讨，2016（12）：64-67.

[131] 章薇婷，翁庆华，韩萌. 浙江遂昌：打造农村电子商务新模式 [J]. 中国财政，2016（6）：46-47.

[132] 穆燕鸿，王杜春. 农村电子商务模式构建及发展对策：以中国黑龙江省为例 [J]. 世界农业，2016（06）：40-46+52.

[133] 谢天成，施祖麟. 农村电子商务发展现状、存在问题与对策 [J]. 现代经济探讨，2016（11）：40-44.

[134] 丁明华. "互联网+农业"构建我国农村电子商务发展的新路径 [J]. 商业经济研究，2016（15）：97-98.

［135］武晓钊. 农村电子商务与物流配送运营服务体系建设［J］. 中国流通经济, 2016 (8)：99-104.

［136］范林榜. 农村电子商务快递下乡配送问题与对策研究［J］. 农村经济, 2016 (9)：121-124.

［137］黄祖辉, 俞宁. 新型农业经营主体：现状、约束与发展思路：以浙江省为例的分析［J］. 中国农村经济, 2010 (10)：16-26, 56.

［138］陈锡文. 构建新型农业经营体系刻不容缓［J］. 求是, 2013 (22)：38-41.

［139］张照新, 赵海. 新型农业经营主体的困境摆脱及其体制机制创新［J］. 改革, 2013 (2)：78-87.

［140］孔祥智. 新型农业经营主体的地位和顶层设计［J］. 改革, 2014 (5)：32-34.

［141］陈晓华. 大力培育新型农业经营主体：在中国农业经济学会年会上的致辞［J］. 农业经济问题, 2014 (1)：4-7.

［142］宋洪远, 吴比. 农业规模经营主体的融资难题及对策建议［J］. 农村金融研究, 2018 (02)：56-60.

［143］恰亚耶夫. 农民经济组织［M］. 萧正洪, 译. 北京：中央编译出版社, 1996.

［144］MANN S A, DICKINSON J M. Obstacles to the development of a capitalist agriculture［J］. The Journal of Peasant Studies, 1978 (4)：466-481.

［145］GASSONR, ERRINGTONA. The farm family business［M］. Wallingford：CAB International, 1993.

［146］DJURFELDTG G. Defining and operationalizing family farm from sociological perspective［J］. Sociologia Ruralis, 1996 (3)：340-355.

［147］REID D J. Living the dream：Exploring governance in exemplary farm businesses［M］. Palmerston North：Massey University, 2004.

［148］CALUS MIEKE, et al. Productivity of UK agriculture：Causes and constraints［R］. Kent：Department Agricultural Science, Imperial College, 2008.

［149］BOREC, REJETAL. The persistence of the family farm and the economy of affection：The Cameroonian case［J］. Journal of Social Development in Africa, 2013 (1)：93-108.

［150］王刚，全广明. 试论国营农场的家庭农场规模问题［J］. 农业技术经济，1984（6）：13-17.

［151］李惠安. 谈谈职工家庭农场和大包干的异同［J］. 中国农垦，1984（7）：9，13.

［152］王贞良等. 上海市国营农场的家庭农场调查［J］. 国营农场经济研究资料，1984（16）：10-16.

［153］林毅夫. 制度、技术与中国农业发展［M］. 上海：上海人民出版社，1994：44-69.

［154］印堃华，等. 我国农地产权制度改革和农业发展模式的思考［J］. 财经研究，2001（2）：21-27.

［155］陈纪平. 家庭农场抑或企业化：中国农业生产组织的理论与实证分析［J］. 经济学家，2008（3）：43-48.

［156］王铁，寇垠. 农业经营组织变迁与要素供给条件优化：对推进家庭农场发展的制度环境分析［J］. 学习与实践，2013（8）：14-21.

［157］伍开群. 制度变迁：从家庭承包到家庭农场［J］. 当代经济研究，2014（1）：37-44.

［158］杨成林. 中国式家庭农场形成机制研究：基于皖中地区"小大户"的案例分析［J］. 中国人口·资源与环境，2014（6）：45-50.

［159］王振，等. 我国家庭农场的缘起与发展［J］. 西北农林科技大学学报，2017（2）：87-95.

［160］马克思. 资本论［M］. 北京：人民出版社，1975.

［161］列宁. 论合作制［M］. 莫斯科：外国文书籍出版局，1950.

［162］ENKE S. Consumer cooperatives and economic efficiency［J］. American Economic Review，1945（1）：148-155.

［163］COOK M L. The future of U.S. agriculture co-operatives：a neo-institutional approach［J］. American Journal of Agricultural Economics，1995，77（5）：1153-1159.

［164］FULTON. The future of cooperatives in Canada：A property rights approach［J］. American Journal of Agricultural Economics，1995，77（5）：1144-1152.

［165］HARRIS, ANDREA, BRENDA STEFANSON, et al. New generation cooperatives and cooperative theory［J］. Journal of Cooperatives, 1996（11）：15-27.

［166］侯立平. 合作社：从资本主义脱颖而出的生产模式［J］. 经济学家, 2006（5）：70-75.

［167］徐旭初. 新情势下我国农民专业合作社的制度安排［J］. 农村经营管理, 2008（12）：12-14.

［168］温铁军. 农民专业合作社发展的困境与出路［J］. 湖南农业大学学报（社会科学版）, 2013（4）：4-6.

［169］秦愚. 中国农业合作社股份合作化发展道路的反思［J］. 农业经济问题, 2013（6）：19-29.

［170］沈红梅, 霍有光. 马克思恩格斯农业合作化理论在中国的历史实践及基本经验［J］. 华中农业大学学报（社会科学版）2014（5）：91-97.

［171］黄金秋, 史顺超. 地方政府作用对农民专业合作社成长影响的实证分析［J］. 统计与决策, 2018（19）：121-124.

［172］任大鹏, 赵鑫. 马恩的合作社思想与当代合作社价值反思［J］. 中国农业大学学报（社会科学版）, 2019（4）：13-20.

［173］陆林, 刘烊铭. 中国农民专业合作社研究脉络与演进：基于1999—2019年CNKI核心期刊、CSSCI数据的可视化研究［J］. 西南民族大学学报（人文社科版）, 2020（3）：233-240.

［174］韦公远. 农业产业化经营关键要抓好龙头企业［J］. 企业活力, 1998（9）：20-21.

［175］周元和. 农业产业化中龙头企业作用［J］. 广西农学报, 2004（6）：20-21.

［176］曹利群, 周立群. 扶持龙头企业：从信息角度的研究［J］. 中国农村观察, 2001（5）：32-37.

［177］李晓峰, 翁贞林, 徐峰. 鄱阳湖生态经济区105家农业龙头企业融资及其扶持政策评价［J］. 中国农学通报, 2012（8）：112-115.

［178］杨印生, 张充. 基于DEA-Benchmarking模型的农业上市公司投资绩效分析［J］. 农业技术经济, 2009（6）：91-95.

［179］王怀明, 史晓明. 农业上市公司治理效率及对企业业绩的影响［J］. 农业技术经济, 2010（5）：64-70.

[180] 刘克春. 国内有关农业企业绩效的研究与展望 [J]. 特区经济, 2012 (11)：163-165.

[181] 王丽明, 王玉斌. 我国农业龙头企业效率测度及其影响因素分析：基于国家级粮食类龙头企业 [J]. 管理现代化, 2015 (6)：100-102.

[182] 张明林, 文丽情. 扶持政策对绿色食品农业龙头企业相对绩效影响效果的实证分析：基于 DEA-Tobit 分析方法 [J]. 农林经济管理学报, 2016 (5)：524-531.

[183] 朱红根. 农业龙头企业绿色创业与企业绩效：基于新制度经济学的理论与实证分析 [J]. 农业经济问题, 2018 (10)：121-131.

[184] 姚红. 流通现代化的理性标准研究 [J]. 商业时代, 2004 (15)：5-6.

[185] 张磊, 王娜, 谭向勇. 农产品流通效率的概念界定及评价指标设计 [J]. 华东经济管理, 2011 (4)：18-21.

[186] 张贵友. 农产品流通基础设施对农业生产影响的机理 [J]. 中国农学通报, 2008 (11)：530-532.

[187] 张江华, 朱道立. 构建农村商品流通现代化指标体系 [J]. 物流技术, 2006 (7)：85-87.

[188] 王蒙燕. 我国农产品流通现代化水平及区域阶段性分异 [J]. 商业经济研究, 2015 (20)：4-5.

[189] 吴炎, 杜栋. AHP 评价软件设计与实证研究 [J]. 计算机系统应用, 2008 (11)：35-39.

[190] 魏权龄, 岳明. DEA 概论与 C~2R 模型：数据包络分析（一）[J]. 系统工程理论与实践, 1989 (1)：58-69.

[191] 李敬, 陈澍, 万广华, 等. 中国区域经济增长的空间关联及其解释：基于网络分析方法 [J]. 经济研究, 2014 (11)：4-16.

[192] 刘华军, 刘传明, 孙亚男. 中国能源消费的空间关联网络结构特征及其效应研究 [J]. 中国工业经济, 2015 (5)：83-95.

[193] 张翼. 基于空间关联网络结构的中国省域协同碳减排研究 [J]. 统计与信息论坛, 2017 (2)：63-69.

[194] 方大春, 马为彪. 我国区域创新空间关联的网络特征及其影响因素 [J]. 西部论坛, 2018 (2)：50-61.

附录

三峡库区农产品流通现代化调查（一）：种养大户

填写人姓名：_____ 电话：_____ 地址：_____重庆市_____ 区/县_____ 乡/镇_____ 村/街道_____ 企业/农场的名称：_____

A 基本信息

A01	您的性别	①男 ②女
A02	您的年龄（周岁）	
A03	您的户籍性质	①农村 ②城镇
A04	您的政治面貌	①是党员 ②否 若是党员，任何职务
A05	您的文化程度	①小学及以下 ②初中 ③高中或中专 ④大专 ⑤本科 ⑥硕士及以上
A06	您家有几口人	①1~2 ②3~5 ③6~8 ④9~10 ⑤11人及以上
A07	您主要从事的行业是	①农业 ②林业 ③畜牧业 ④农副产品加工业 ⑤渔业 ⑥农业的相关服务业
A08	您从事本行业的年限是	①1年以下 ②1~3年 ③3~5年 ④5~10年 ⑤10年以上
A09	您所经营项目的年产额是（　）万元	①10万元以下 ②10万~20万元 ③20万~30万元 ④30万~40万元 ⑤40万元以上

B 生产过程信息

B01	您生产的农产品除了自给自足外大部分都销售出去了	①非常同意 ②比较同意 ③不一定 ④比较不同意 ⑤非常不同意
B02	您是否参加过农业生产、技术、经营等方面的培训	①从未没有参加过 ②参加过一两次 ③每年参加一次 ④每季度参加一次 ⑤每月参加一次
B03	您经常使用小型农机具或自动化设备	①非常同意 ②比较同意 ③不一定 ④比较不同意 ⑤非常不同意

B04	您是否使用互联网 ①是 ②否
B05	您每个月的上网费用支出 ①10元以下 ②10~30元 ③30~50元 ④50~100元 ⑤100元以上
B06	您是否掌握互联网使用的技能（手机或电脑）①没有掌握 ②了解一些 ③基本掌握 ④掌握 ⑤能够熟练使用
B07	您经常使用互联网获取有关销售、进货、技术等方面的信息 ①非常同意 ②比较同意 ③不一定 ④比较不同意 ⑤非常不同意
B08	您身边有"能人"或精英带动进行生产、销售 ①非常同意 ②比较同意 ③不一定 ④比较不同意 ⑤非常不同意
B09	您家中已经安装了宽带入户 ①非常同意 ②比较同意 ③不一定 ④比较不同意 ⑤非常不同意
B10	您在您所在的地区接收到的网络信号（手机或电脑）良好 ①非常同意 ②比较同意 ③不一定 ④比较不同意 ⑤非常不同意
B11	您或您身边的人在进行日常上网时网速可以满足您或您身边的人的需要 ①非常同意 ②比较同意 ③不一定 ④比较不同意 ⑤非常不同意
B12	您身边有成功的创业榜样可以效仿 ①非常同意 ②比较同意 ③不一定 ④比较不同意 ⑤非常不同意
B13	您当地有很多农民创业成功 ①非常同意 ②比较同意 ③不一定 ④比较不同意 ⑤非常不同意
B14	您创业会得到家人的支持 ①非常同意 ②比较同意 ③不一定 ④比较不同意 ⑤非常不同意

C 制度环境感知

C01	您拥有方便的销售或进货渠道（农产品批发市场、超级市场、线上平台）①非常同意 ②比较同意 ③不一定 ④比较不同意 ⑤非常不同意
C02	您可以方便地使用农产品市场需求信息平台 ①非常同意 ②比较同意 ③不一定 ④比较不同意 ⑤非常不同意
C03	您经常在农贸市场中见到质量监督人员 ①非常同意 ②比较同意 ③不一定 ④比较不同意 ⑤非常不同意
C04	您所在地区（县）具有无公害农产品、绿色食品、有机农产品和农产品地理标志的认证体系 ①非常同意 ②比较同意 ③不一定 ④比较不同意 ⑤非常不同意
C05	您地区可以有效对一些农业品牌进行保护 ①非常同意 ②比较同意 ③不一定 ④比较不同意 ⑤非常不同意

D 基础设施感知

编号	题项					
D01	您所在经营的项目受到了良好的政府资金政策支持	①非常同意	②比较同意	③不一定	④比较不同意	⑤非常不同意
D02	您在租赁、购买或出租土地时有良好的政府政策支持	①非常同意	②比较同意	③不一定	④比较不同意	⑤非常不同意
D03	您在经营您的项目时受到了相关培训（技能、服务）政策的支持	①非常同意	②比较同意	③不一定	④比较不同意	⑤非常不同意
D04	您在为您的经营项目雇用工人时有良好的政府政策支持	①非常同意	②比较同意	③不一定	④比较不同意	⑤非常不同意
D05	您所在区（县）对农业具有良好的农业保险政策支持	①非常同意	②比较同意	③不一定	④比较不同意	⑤非常不同意
D06	您经营过程中的贷款成本较低	①非常同意	②比较同意	③不一定	④比较不同意	⑤非常不同意
D07	您可以方便地出租或购买土地，并具有一定的有效指导和市场规范	①非常同意	②比较同意	③不一定	④比较不同意	⑤非常不同意
D08	您可以较容易在农村雇到人员进行农业生产	①非常同意	②比较同意	③不一定	④比较不同意	⑤非常不同意
D09	您寄收货物方便快捷	①非常同意	②比较同意	③不一定	④比较不同意	⑤非常不同意
D10	您能够找到合适的仓库对您生产的农产品进行储存	①非常同意	②比较同意	③不一定	④比较不同意	⑤非常不同意
D11	您对保鲜时效较短的农产品能找到冰库或冷链车辆进行运输储存	①非常同意	②比较同意	③不一定	④比较不同意	⑤非常不同意

三峡库区农产品流通现代化调查（二）：家庭农场

填写人姓名：＿＿＿＿＿　电话：＿＿＿＿＿　地址：重庆市＿＿＿＿　区/县＿＿＿＿　乡/镇＿＿＿＿　村/街道＿＿＿＿　企业/农场的名称：＿＿＿＿

A 基本信息

A01	您的性别	①男 ②女
A02	您的年龄（周岁）	
A03	您的户籍性质	①农村 ②城镇
A04	您的政治面貌	①是党员 ②否 若是党员，任何职务
A05	您的文化程度	①小学及以下 ②初中 ③高中或中专 ④大专 ⑤本科 ⑥硕士及以上
A06	您家有几口人	①1~2 ②3~5 ③6~8 ④9~10 ⑤11人及以上
A07	您主要从事的行业是	①农业 ②林业 ③畜牧业 ④农副产品加工业 ⑤渔业 ⑥农业的相关服务业
A08	您从事本行业的年限是	①1年以下 ②1~3年 ③3~5年 ④5~10年 ⑤10年以上
A09	您的所经营项目的年产额是（　）万元	①10万元以下 ②10万~20万元 ③20万~30万元 ④30万~40万 ⑤40万元以上

B 生产过程信息

B01	您生产的农产品除了自给自足外大部分都销售出去了	①非常同意 ②比较同意 ③不一定 ④比较不同意 ⑤非常不同意
B02	您是否参加过农业生产、技术、经营等方面的培训	①从来没有参加过 ②参加过一两次 ③每年参加一次 ④每季度参加一次 ⑤每月参加一次
B03	您经常使用小型农机具或自动化设备	①非常同意 ②比较同意 ③不一定 ④比较不同意 ⑤非常不同意
B04	您是否使用互联网	①是 ②否
B05	您每个月的上网费用支出	①10元以下 ②10~30元 ③30~50元 ④50~100元 ⑤100元以上
B06	您是否掌握互联网使用的技能（手机或电脑）	①没有掌握 ②了解一些 ③基本掌握 ④掌握 ⑤能够熟练使用

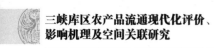

三峡库区农产品流通现代化评价、
影响机理及空间关联研究
SANXIA KUQU NONGCHANPIN LIUTONG XIANDAIHUA PINGJIA,
YINGXIANG JILI JI KONGJIAN GUANLIAN YANJIU

编号	题项					
B07	您经常使用互联网网获取有关销售、进货、技术等方面的信息	①非常同意	②比较同意	③不一定	④比较不同意	⑤非常不同意
B08	您身边有"能人"或精英带动进行生产、销售	①非常同意	②比较同意	③不一定	④比较不同意	⑤非常不同意
B09	您家或您身边的人的家中已经安装了宽带入户	①非常同意	②比较同意	③不一定	④比较不同意	⑤非常不同意
B10	您所在的地区接收到的网络信号（手机或电脑）良好	①非常同意	②比较同意	③不一定	④比较不同意	⑤非常不同意
B11	您或您身边的人在进行日常上网时网速可以满足您或您身边的人的需要	①非常同意	②比较同意	③不一定	④比较不同意	⑤非常不同意
B12	您身边有成功的创业榜样可以效仿	①非常同意	②比较同意	③不一定	④比较不同意	⑤非常不同意
B13	您当地有很多农民创业成功	①非常同意	②比较同意	③不一定	④比较不同意	⑤非常不同意
B14	您创业会会得到家人的支持	①非常同意	②比较同意	③不一定	④比较不同意	⑤非常不同意

C 制度环境感知

编号	题项					
C01	您拥有方便的销售或进货渠道（农产品批发市场、超级市场、线上平台）	①非常同意	②比较同意	③不一定	④比较不同意	⑤非常不同意
C02	您可以方便地使用农产品市场需求信息平台	①非常同意	②比较同意	③不一定	④比较不同意	⑤非常不同意
C03	您经常在农贸市场中见到质量监督人员	①非常同意	②比较同意	③不一定	④比较不同意	⑤非常不同意
C04	您所在区（县）具有无公害农产品、绿色食品、有机农产品和农产品地理标志的认证体系	①非常同意	②比较同意	③不一定	④比较不同意	⑤非常不同意
C05	您所在地区可以有效对一些农业品牌进行保护	①非常同意	②比较同意	③不一定	④比较不同意	⑤非常不同意
C06	您的农场经常与当地的合作社/龙头企业合作（采购、销售等）	①非常同意	②比较同意	③不一定	④比较不同意	⑤非常不同意
C07	您的农场经常与其他地区的合作社/龙头企业合作（采购、销售等）	①非常同意	②比较同意	③不一定	④比较不同意	⑤非常不同意
C08	您的农场经常通过农委协会等组织与合作社、龙头企业进行交流、学习或培训	①非常同意	②比较同意	③不一定	④比较不同意	⑤非常不同意

D 基础设施感知

编号	题项	①非常同意	②比较同意	③不一定	④比较不同意	⑤非常不同意
D01	您经营的项目受到了良好的政府资金政策支持	①非常同意	②比较同意	③不一定	④比较不同意	⑤非常不同意
D02	您在租赁、购买或出租土地时有良好的政府政策支持	①非常同意	②比较同意	③不一定	④比较不同意	⑤非常不同意
D03	您在经营的项目时受到了相关培训（技能、服务）政策的支持	①非常同意	②比较同意	③不一定	④比较不同意	⑤非常不同意
D04	您为您的经营项目雇用工人时有良好的政府政策支持	①非常同意	②比较同意	③不一定	④比较不同意	⑤非常不同意
D05	您所在区（县）对农业具有良好的农业保险政策支持	①非常同意	②比较同意	③不一定	④比较不同意	⑤非常不同意
D06	您经营过程中的贷款成本较低	①非常同意	②比较同意	③不一定	④比较不同意	⑤非常不同意
D07	您可以方便地出租或租赁、购买土地，并具有一定的有效指导和市场规范	①非常同意	②比较同意	③不一定	④比较不同意	⑤非常不同意
D08	您可以较容易在农村雇到人员进行农业生产	①非常同意	②比较同意	③不一定	④比较不同意	⑤非常不同意
D09	您寄收货物方便快捷	①非常同意	②比较同意	③不一定	④比较不同意	⑤非常不同意
D10	您能够找到合适的仓库对您生产的农产品进行储存	①非常同意	②比较同意	③不一定	④比较不同意	⑤非常不同意
D11	您对保鲜时效较短的农产品能找到冰库或冷链车辆进行运输储存	①非常同意	②比较同意	③不一定	④比较不同意	⑤非常不同意

三峡库区农产品流通现代化调查（三）：农民专业合作社

填写人姓名：_____ 电话：_____ 地址：重庆市_____ 区/县_____ 乡/镇_____ 村/街道_____ 企业/农场的名称：_____

A 基本信息

编号	问题	
A01	您的性别 ①男 ②女	
A02	您的年龄（周岁）	
A03	您的户籍性质 ①农村 ②城镇	
A04	您的政治面貌 ①是党员 ②否 若是党员，任何职务	
A05	您的文化程度 ①小学及以下 ②初中 ③高中或中专 ④大专 ⑤本科 ⑥硕士及以上	
A06	您家有几口人 ①1~2 ②3~5 ③6~8 ④9~10 ⑤11人及以上	
A07	您主要从事的行业是 ①农业 ②林业 ③畜牧业 ④农副产品加工业 ⑤渔业 ⑥农业的相关服务业	
A08	您从事本行业的年限是 ①1年以下 ②1~3年 ③3~5年 ④5~10年 ⑤10年以上	
A09	您的所经营项目的年产额是（　）万元 ①10万元以下 ②10万~20万元 ③20万~30万元 ④30万~40万元 ⑤40万元以上	

B 生产过程信息

编号	问题	
B01	您生产的农产品除了自给自足外大部分都销售出去了 ①非常同意 ②比较同意 ③不一定 ④比较不同意 ⑤非常不同意	
B02	您是否参加过农业生产、技术、经营等方面的培训 ①从来没有参加过 ②参加过一两次 ③每年参加一次 ④每季度参加一次 ⑤每月参加一次	
B03	您经常使用小型农机具或自动化设备 ①非常同意 ②比较同意 ③不一定 ④比较不同意 ⑤非常不同意	
B04	您是否使用互联网 ①是 ②否	
B05	您每个月的上网费用支出 ①10元以下 ②10~30元 ③30~50元 ④50~100元 ⑤100元以上	
B06	您是否掌握互联网使用的技能（手机或电脑） ①没有掌握 ②了解一些 ③基本掌握 ④掌握 ⑤能够熟练使用	

编号	题项					
B07	您经常使用互联网获取有关销售、进货、技术等方面的信息	①非常同意	②比较同意	③不一定	④比较不同意	⑤非常不同意
B08	您身边有"能人"或精英带动进行生产、销售	①非常同意	②比较同意	③不一定	④比较不同意	⑤非常不同意
B09	您家或您身边的人的家中已经安装了宽带入户	①非常同意	②比较同意	③不一定	④比较不同意	⑤非常不同意
B10	您在您所在的地区接收到的网络信号（手机或电脑）良好	①非常同意	②比较同意	③不一定	④比较不同意	⑤非常不同意
B11	您或您身边的人在进行日常上网时网速可以满足您或您身边的人的需要	①非常同意	②比较同意	③不一定	④比较不同意	⑤非常不同意
B12	您身边有成功的创业榜样可以效仿	①非常同意	②比较同意	③不一定	④比较不同意	⑤非常不同意
B13	您当地有很多农民创业成功	①非常同意	②比较同意	③不一定	④比较不同意	⑤非常不同意
B14	您创业会得到家人的支持	①非常同意	②比较同意	③不一定	④比较不同意	⑤非常不同意

C 制度环境感知

编号	题项					
C01	您拥有方便的销售或进货渠道（农产品批发市场、超级市场、线上平台）	①非常同意	②比较同意	③不一定	④比较不同意	⑤非常不同意
C02	您可以方便地使用农产品市场需求信息平台	①非常同意	②比较同意	③不一定	④比较不同意	⑤非常不同意
C03	您经常在农贸市场中见到质量监督人员	①非常同意	②比较同意	③不一定	④比较不同意	⑤非常不同意
C04	您区（县）具有无公害农产品、绿色食品、有机农产品和农产品地理标志的认证体系	①非常同意	②比较同意	③不一定	④比较不同意	⑤非常不同意
C05	您所在地区可以有效对一些农业品牌进行保护	①非常同意	②比较同意	③不一定	④比较不同意	⑤非常不同意
C06	您所在的合作社经常与当地的家庭农场/龙头企业合作（采购、销售等）	①非常同意	②比较同意	③不一定	④比较不同意	⑤非常不同意
C07	您所在的合作社经常与其他地区的家庭农场/龙头企业合作（采购、销售等）	①非常同意	②比较同意	③不一定	④比较不同意	⑤非常不同意
C08	您所在的合作社经常通过农委组织与家庭农场龙头企业进行交流、学习或培训	①非常同意	②比较同意	③不一定	④比较不同意	⑤非常不同意

D 基础设施感知

编号	题项					
D01	您经营的项目受到了良好的政府资金政策支持	①非常同意	②比较同意	③不一定	④比较不同意	⑤非常不同意
D02	您在租赁、购买或出租土地时有良好的政府政策支持	①非常同意	②比较同意	③不一定	④比较不同意	⑤非常不同意
D03	您在经营的项目受到了相关培训（技能、服务）政策的支持	①非常同意	②比较同意	③不一定	④比较不同意	⑤非常不同意
D04	您在为您的经营项目雇用工人时有良好的政府政策支持	①非常同意	②比较同意	③不一定	④比较不同意	⑤非常不同意
D05	您所在区（县）对农业具有良好的农业保险政策支持	①非常同意	②比较同意	③不一定	④比较不同意	⑤非常不同意
D06	您经营过程中的贷款成本较低	①非常同意	②比较同意	③不一定	④比较不同意	⑤非常不同意
D07	您可以方便地出租或租赁、购买土地，并具有一定的有效指导和市场规范	①非常同意	②比较同意	③不一定	④比较不同意	⑤非常不同意
D08	您可以较容易在农村雇到人员进行农业生产	①非常同意	②比较同意	③不一定	④比较不同意	⑤非常不同意
D09	您各收货物方便快捷	①非常同意	②比较同意	③不一定	④比较不同意	⑤非常不同意
D10	您能够找到合适的仓库对您生产的农产品进行储存	①非常同意	②比较同意	③不一定	④比较不同意	⑤非常不同意
D11	您对保鲜时效较短的农产品能找到冰库或冷链车辆进行运输储存	①非常同意	②比较同意	③不一定	④比较不同意	⑤非常不同意

三峡库区农产品流通现代化调查（四）：农业龙头企业

填写人姓名：_____ 电话：_____ 地址：重庆市_____ 区/县_____ 乡/镇_____ 村/街道_____ 企业/农场的名称：_____

A 企业基本信息

A01	您所在企业的规模是（注册资金）（ ）万元
A02	您所在企业创办的年限（ ）年 ①1年以下 ②1～3年 ③3～5年 ④5～10年 ⑤10年以上
A03	您所在企业的年销售额（ ）万元
A04	您所在企业员工的主要文化程度 ①小学及以下 ②初中 ③高中或中专 ④大专 ⑤本科 ⑥硕士及以上
A05	您所在企业组织员工进行培训的频率 ①从来没有 ②组织过一两次 ③每年组织一次 ④每半年组织一次 ⑤每季度组织一次
A06	您所在企业技术人员占企业员工总数的比例（ ）% ①1%以下 ②1%～5% ③5%～10% ④10%～15% ⑤15%以上

B 企业生产、销售信息

B01	您所在企业通过冷链配送的销售额占总销售额的比重（ ）% ①10%以下 ②10%～20% ③20%～30% ④30%～40% ⑤40%以上
B02	您所在企业线下连锁经营的年销售额占总销售额的比重（ ）% ①20%以下 ②20%～40% ③40%～60% ④60%～80% ⑤80%以上
B03	您所在企业线上电子商务的年销售额占总销售额的比重（ ）% ①20%以下 ②20%～40% ③40%～60% ④60%～80% ⑤80%以上
B04	您所在企业直接从农户手里收购的农产品额占总原材料购买费用的比重（ ）% ①10%以下 ②10%～20% ③20%～30% ④30%～40% ⑤40%以上

C 企业所处的制度环境感知

C01	您所在的企业拥有方便的销售或进货渠道（农产品批发市场、超级市场、线上平台）①非常同意 ②同意 ③不一定 ④不同意 ⑤非常不同意
C02	您所在的企业可以方便地使用农产品市场需求信息平台 ①非常同意 ②同意 ③不一定 ④不同意 ⑤非常不同意
C03	您所在企业同行业的竞争对手较多 ①非常同意 ②同意 ③不一定 ④不同意 ⑤非常不同意

205

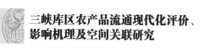

三峡库区农产品流通现代化评价、
影响机理及空间关联研究
SANXIA KUQU NONGCHANPIN LIUTONG XIANDAIHUA PINGJIA
YINGXIANG JILI JI KONGJIAN GUANLIAN YANJIU

C04	您的企业所在区（县）具有无公害农产品、绿色食品、有机农产品和农产品地理标志的认证体系	①非常同意 ②同意 ③不一定 ④不同意 ⑤非常不同意
C05	您所在的企业所在区（县）可以有效对一些农业品牌进行保护	①非常同意 ②同意 ③不一定 ④不同意 ⑤非常不同意
C06	您所在的企业经常与当地的家庭农场/农民专业合作社合作（采购、销售等）	①非常同意 ②同意 ③不一定 ④不同意 ⑤非常不同意
C07	您所在的企业经常与其他地区的家庭农场/农民专业合作社（采购、销售等）合作	①非常同意 ②同意 ③不一定 ④不同意 ⑤非常不同意
C08	您所在的企业经常通过农委或协会等组织与家庭农场/农民专业合作社进行交流、学习或培训	①非常同意 ②同意 ③不一定 ④不同意 ⑤非常不同意

D 企业所处的基础设施感知

D01	您所在的企业受到了良好的政府资金政策支持	①非常同意 ②同意 ③不一定 ④不同意 ⑤非常不同意
D02	您所在的企业在租赁、购买或者出让土地时有良好的政府政策支持	①非常同意 ②同意 ③不一定 ④不同意 ⑤非常不同意
D03	您所在的企业受到了相关培训（技能、服务）政策的支持	①非常同意 ②同意 ③不一定 ④不同意 ⑤非常不同意
D04	您所在的企业雇用工人时有良好的政府政策支持	①非常同意 ②同意 ③不一定 ④不同意 ⑤非常不同意
D05	您所在的企业所在区（县）对农业有良好的农业保险政策支持	①非常同意 ②同意 ③不一定 ④不同意 ⑤非常不同意
D06	您所在的企业经营过程中的贷款成本较低	①非常同意 ②同意 ③不一定 ④不同意 ⑤非常不同意
D07	您所在的企业可以方便地出租或租赁、购买土地，并具有一定的市场规范	①非常同意 ②同意 ③不一定 ④不同意 ⑤非常不同意
D08	您所在的企业可以较容易雇用人员进行生产或销售	①非常同意 ②同意 ③不一定 ④不同意 ⑤非常不同意
D09	您所在的企业寄收货物方便快捷	①非常同意 ②同意 ③不一定 ④不同意 ⑤非常不同意
D10	您所在的企业能够找到合适的仓库对您生产的农产品进行储存	①非常同意 ②同意 ③不一定 ④不同意 ⑤非常不同意
D11	您所在的企业对保鲜时效较短的农产品能找到冰库或冷链车辆进行运输储	①非常同意 ②同意 ③不一定 ④不同意 ⑤非常不同意

后记

　　本书是在我的博士论文《三峡库区农产品流通现代化评价、影响机理及空间关联研究》的基础上修改而成的。博士论文之所以能够顺利完成，是因为得到了教育部人文社科重点研究基地长江上游经济研究中心科研（智库）团队项目——"商贸流通"团队（项目编号：CJSYTD201701）和重庆市社会科学规划重点项目"推进长江经济带农产品流通现代化的机制与路径研究"（项目编号：2019WT43）的有力支持。

　　2021年，我已入职重庆工商大学经济学院贸易经济系，将继续开展农产品流通以及流通经济的研究。本书的出版感谢国家首批一流专业建设点——贸易经济专业建设项目、教育部人文社科重点研究基地长江上游经济研究中心科研（智库）团队项目——"商贸流通"团队（项目编号：CJSYTD201701）的资助。

　　我以博士论文的致谢，权且作为本书的后记。

　　天色将晚，余晖犹在，就在这样美好的时刻，我敲下了毕业论文的最后一个句点。情不自禁，推开学习之窗，微风拂面，树影婆娑，心境平静而喜悦。今天和往常并无不同，只是内心增添了一份淡定与信心。这种信心来自博士求学生涯的磨砺与探索，来自在这段历程中所感受到的温暖与关爱。毫无疑问，我是个十分幸运的人。南山脚下，长江之滨，生于斯，长于斯，乐于斯，学于斯，人生之美好，都留在了重庆工商大学。我在重庆工商大学这座美丽的学府中度过了人生最美好的阶段，并还将继续这种美好！求学生涯即将结束，回想成长和进步，感激感恩之情油然而生。

为学莫重于尊师。我首先由衷感谢我敬爱的恩师杨继瑞教授。自三年前求学于导师门下，聆听教诲，耳濡目染，导师以其深邃的学术思想、深厚的学术底蕴，深入浅出地将专业知识倾囊相授，拓宽了我的学术眼界，丰富了我的知识积累，提升了我的科研水平。在论文选题之初，是导师给我充分的创作自由与创作空间，启发并鼓励我选择自己感兴趣的科研选题。在遇到科研瓶颈与困惑时，是导师坚定不移支持、信任我，为我指点迷津，给我以突破困难的信心和力量。导师严谨的治学态度、渊博的专业知识、科学的思维方法将使我受益终身。得此良师，如沐春风。师恩似海，永铭于心。

师者，所以传道授业解惑也。在博士求学期间，感谢母校各位老师在学业上的倾囊相授，王崇举教授、廖元和教授、黄志亮教授、孙芳城教授、李敬教授、曾庆均教授、余兴厚教授、周立新教授、邵腾伟教授、文传浩教授、周兵教授、杨文举教授、陈纪平教授、刘成杰教授、许小苍教授、黄潇副教授无不给予了我启发和指导。感谢我的硕士生导师罗勇教授，往昔教诲历历在目，不管岁月流逝，永不忘怀。感谢长江上游经济研究中心李颖慧博士及各位老师的关心与支持。感谢经济学院和研究生院各位老师的关心与支持。感谢宋瑛教授、孙畅副教授和张驰博士，亦师亦友，与我分享科研经历、耐心解答学术问题，对我的学习与科研提供了诸多便利与无私帮助，是你们的答疑解惑帮助我进一步厘清思路，督促我成长。

感谢同门师兄师姐师弟师妹们，我们一起学习，在导师的指导下共同进步。感谢曾庆均教授门下的师兄师姐师弟师妹们，给予了我诸多帮助和支持。感谢我的博士同学雷琍、李雨梦、王宇昕、李洁、胡霞等，我们大家相处融洽，在学习和生活中彼此的交流让我受益匪浅。感谢田家炳508办公室的所有成员，黄玲、董昕、丁黄艳、熊兴等师兄师姐。感谢长江上游经济研究中心所有博士同学，你们的学术思想带给我许多启迪。

最后，我要特别感谢我的父母。父母给予了我全心全意的支持与无微不至的关怀。是你们的言传身教为我树立了为人处世的榜样，是你们的鼓励与支持陪伴我成长。你们是我最坚实的盔甲与后盾，正是有了你们我才能心无旁骛地完成了博士阶段的学习，毫无顾虑地追求我的科研梦想。感谢我的先生宋帅，记忆中无数个同样的夜晚，我们一起在博士生工位上加夜班，四周寂静无声，只听得见旁边轻轻敲击键盘的声音，仿佛是一种应和与共鸣。未来将要面对的人生，可能比读博士还要艰难百倍，但一起走过的这段旅程，让我们拥有了从容面对一切和创造幸福的能力。

词有穷而意无终，这些点滴感动我都会铭记于心。青葱岁月渐渐远去，新的生活即将开启。在未来的生活中我会砥砺前行，不忘初心。

曾蓼

2024 年 7 月